LA DÉMOCRATIE MALADE DU MENSONGE

DU MÊME AUTEUR

Économistes en désordre
(en collaboration avec Bernard Bobe), Éd. Économica, 1981.

Les entreprises ont-elles une âme ?
Éd. François Bourin, 1990.

Le Capital-Lettres (prix Costa de Beauregard 1991)
Éd. François Bourin, 1990.

La Valse des Éthiques (prix Médicis Essai 1991)
Éd. François Bourin, 1991.

ALAIN ETCHEGOYEN

LA DÉMOCRATIE MALADE DU MENSONGE

ÉDITIONS FRANÇOIS BOURIN
27, rue Saint-André-des-Arts
75006 Paris

En mémoire de mes grands-parents :

Cyprien Etchegoyen,
officier et écrivain,
compagnon du général de Gaulle à Londres et à Alger

Anne-Marie Etchegoyen,
son épouse,
résistante au Pays basque

et

Alain Lourdel,
adjoint au maire de Lille,
que j'accompagnais dans ses campagnes.

« Ce fut un assez beau spectacle [...] que de voir les efforts impuissants pour établir parmi eux la démocratie. Comme ceux qui avaient part aux affaires n'avaient point de vertu, que leur ambition était irritée par le succès de celui qui avait le plus osé, que l'esprit d'une faction n'était réprimé que par l'esprit d'une autre, le gouvernement changeait sans cesse ; le peuple étonné cherchait la démocratie et ne la trouvait nulle part. »

MONTESQUIEU.

« Ayons donc de l'avenir cette crainte salutaire qui fait veiller et combattre, et non cette sorte de terreur molle et oisive qui abat les cœurs et les énerve. »

TOCQUEVILLE.

« On ne résiste pas assez au présent. »

Gilles DELEUZE.

Prologue

THE MAN WHO SHOT LIBERTY VALANCE
(l'Homme qui tua Liberty Valance)

James Stewart ....as Ransom Stoddard
John Wayne ....as Tom Doniphon
Lee Marvin ....as Liberty Valance
Vera Miles.................................as Miss Hallie

Directed by John Ford

Plan fixe. *Un train arrive, fumée au vent.*

Le prestigieux sénateur Stoddard vient assister avec son épouse à l'enterrement d'un vieil ami perdu de vue, Tom Doniphon. La presse, ignorante de cette mort et du mort, s'indigne de n'avoir pas été prévenue de ce voyage privé; elle se mobilise pour l'homme politique et le persuade d'expliquer son déplacement: qui était Tom Doniphon?

Flash-back. *Une petite ville de l'Ouest. Y débarque, en diligence, un avocat venu de l'Est, Ransom Stoddard, muni de son seul code de droit, dans l'illusion d'ouvrir un cabinet pour plaider. Sur la route, attaque de diligence. L'avocat s'interpose, se portant au secours d'une femme; il est battu par un bandit fouetteur, Liberty Valance, qui s'acharne à déchirer les pages de son code. Un bon Samaritain, Tom Doniphon, grand cœur et gâchette vive, découvre Stoddard blessé et le fait soigner dans la cuisine d'une auberge généreuse, au milieu des steaks, seul souci commun du Bon, du Truand et des autres, shérif, journaliste et cow-boys. Ce n'est pas au nom de la loi ni du droit, mais au nom du steak — « C'était mon steak! »*

— que Tom Doniphon et Liberty Valance sont prêts à en découdre.

Très vite l'homme du droit prend conscience de sa naïveté : il n'existe pas de place pour lui dans cette ville. Pour survivre, il s'enrôle comme serveur dans la gargote sympathique — « la loi émergeant des sauces et des purées », lui lancera Liberty Valance. Le Droit est humilié, à coups de croche-pieds, de seaux de peinture et de vexations multiples. L'enseigne du cabinet fantôme est brisée. Ses étais d'un moment — le consternant shérif, la presse, l'école qu'il anime, le peuple — s'effondrent les uns après les autres. Rien n'y fait, le Droit est le plus faible, dans la loi de la jungle. Ransom Stoddard va d'échec en échec. Finalement, il abdique ses ambitions et s'exerce au tir pour défier Liberty Valance, dans le reniement total de ses intimes convictions.

Rendez-vous est pris dans une rue obscure. Le bandit blesse Stoddard en ricanant, puis l'ajuste pour l'achever ; mais, en un dernier sursaut, l'homme de loi tue Liberty Valance. L'aventure politique commence avec ce triomphe sanguinaire du Droit. Délégué pour une convention qui présage les pires affres dans le style pom pom girls, Stoddard refuse d'être élu : comment pourrait-il représenter un territoire conquis par l'assassinat ? Ses adversaires le lui reprochent en ironisant sur l'homme de loi qui fait parler la poudre. Il quitte la convention quand Tom Doniphon le prend à part et lui révèle la vérité : il n'a pas tué Liberty Valance ; c'est lui, Tom Doniphon, tapi dans l'ombre, qui l'a exécuté en toute traîtrise. Ransom Stoddard n'en dit mot à personne, mais repart à la bataille politique et gagne. L'homme juste, Tom Doniphon, perd tout — et notamment Miss Hallie — pour s'effondrer, ivre, dans la maison embrasée qu'il lui avait préparée. Le politique gagne tout : le pouvoir, la notoriété — et notam-

ment Miss Hallie qu'il emmène dans l'Est. Fin du flash-back.

Retour à la scène initiale. *La presse locale refuse de publier ces informations. Le journaliste déchire ses notes comme Liberty Valance détruisait le code de droit. « Quand la légende dépasse la réalité, nous préférons la légende. » Le sénateur et Mme Stoddard reprennent le train. Sous le coup de l'émotion, Ransom propose à sa femme d'abandonner la politique et de revenir vivre avec elle dans son pays. Le chef du train apporte un crachoir-cendrier au sénateur en lui expliquant fièrement qu'il fait accélérer le train pour lui. Ransom Stoddard le remercie : il écrira à la direction de la compagnie pour l'en féliciter. Le cheminot ajoute, naturel : « On ne peut rien refuser à l'homme qui a tué Liberty Valance. » Un dernier regard du sénateur le suggère : la politique continue.*

Plan sur le train *qui s'éloigne, fumée au vent. La poussiéreuse diligence repose dans un hangar désaffecté : les temps ont changé.*

Difficile d'écrire quand John Ford est passé par là ; quand, transgressant l'ennui de tous les essais et discours politiques, il mêle action et émotion pour une magistrale exhibition des ambiguïtés qui fondent la démocratie ; quand Lee Marvin, John Wayne et James Stewart, à coups de fouet, de revolver et de Code civil, jouent la démocratie à en faire pâlir les idéologues sulfureux et les révolutionnaires patentés.

Dans ce film où chaque scène est un moment de la démocratie en construction, John Ford montre à la fois sa conviction d'un progrès et la réalité des mensonges. Dès les premiers dialogues, dans sa cuisine, la mère analphabète de Miss Hallie définit abstraitement ce qu'est pour elle la démocratie : « *People are the boss.* » Elle n'a encore rien vu, rien lu, mais l'a entendu dire en quittant sa Suède natale pour le Far West. *Qu'est-ce que la démocratie ?* L'étirement du film nous dit la distance entre le concept arrêté et la réalité en marche.

Bien sûr, il vaut mieux une société sans Liberty Valance ; l'État de droit est souhaitable et souhaité par tous les spectateurs qui s'indignent d'une violence brute. Bien sûr la vertu triomphe : la force politique du film vient d'ailleurs du fait que Ransom Stoddard est un homme intègre et non pas un de ces politiciens corrompus dont l'exhibition devient poncif. Sa vertu nous mène à l'essentiel, sans dénonciation de tares marginales, en deux moments décisifs.

Premier moment : *Ransom Stoddard, l'homme du droit, a tué Liberty Valance.* Quand un ordre disparaît, le droit politique ne triomphe que par la force ; il est, dans l'intervalle entre deux ordres, *le droit du plus fort*. La démocratie refoule cette vérité, comme si le droit s'était installé en vertu de son seul concept. Tom Doniphon est condamné comme Liberty Valance, tous deux en deçà du droit, le bon comme le méchant ; la mort pour le brigand, la perte de tout pour l'homme juste. Le droit du plus fort, celui de Liberty Valance, ne disparaît que dans la traîtrise d'une force plus forte encore. Il en restera toujours quelque chose : la légitimité d'un droit ne suffit pas à l'imposer, seule la force le peut, en toute contradiction. La démocratie cherche toujours à dissimuler ce qui la fonde, non pas en droit mais en fait : c'est le mensonge fondamental de toute démocratie. L'enjeu n'est pas la légitimité du droit *de jure*, mais la transition au droit *de facto* : ou comment s'opère le passage de la loi du plus fort au droit reconnu.

John Ford met en scène la contradiction complexe qui oppose Kant à Rousseau : ce dernier *démontre*, en droit, que la notion de droit du plus fort est un « galimatias inexplicable », car le plus fort trouve un jour plus fort que lui et la notion de droit n'ajoute rien à l'idée de rapports de force successifs, tandis que Kant *montre*, en fait, à propos de la Révolution française, que toute transition révolutionnaire, dans l'absence du droit détruit comme du droit à venir, n'utilise que la force en prétendant que le droit s'impose par lui-même.

Quelles traces reste-t-il de la loi du plus fort dans nos démocraties ? Il existe des formulations nouvelles : après tout, la célèbre formule lancée un jour de 1982 en pleine Assemblée nationale par André Laignel — « Vous avez juridiquement tort puisque vous êtes politiquement minoritaires » — signifie-t-elle autre chose ? La force a changé de masque. Ce n'est plus la loi physique du plus fort qui domine, c'est ce qu'on appelle pudiquement un droit, le droit du plus fort qui s'affirme. Quand la politique bascule, quand l'alternance est probable, on frémit en pensant que le droit d'un plus fort — aujourd'hui défini par les urnes comme « majorité » — puisse connaître d'autres avatars.

Deuxième moment, la révélation du mensonge au carré : *ce n'est pas Ransom Stoddard, mais Tom Doniphon qui a tué Liberty Valance.* Le droit triomphe dans le meurtre, mais, pis encore, le meurtre est un assassinat. Redondant, le mensonge demeure : l'homme du droit n'a pas tué, mais son faux exploit reconnu le porte du droit au politique. Il ne devient homme politique que par la naïveté des foules qui, dans leur lâcheté, n'avaient jamais osé tenir assemblée, contester la tyrannie de Liberty Valance ni lui déplaire, puisqu'il était aussi un client, comme le dit l'immigré suédois patron de la gargote. Au nom du meurtre qu'il n'a pas commis, le politique grimpe dans les sphères du pouvoir, délégué par tous, reconnu comme justicier.

Dans la ville agitée par la violence, la presse semblait un embryon de transparence et Dutton Peabody, ce journaliste du *Shinbone Star* assoiffé de scotch, de Shakespeare et de vérité, sauvagement corrigé pour avoir diffusé avec courage des informations sur Liberty Valance, y risquait sa vie. Quelques années après, les journalistes font corps avec les politiques pour plaire aux citoyens : si un de leurs concitoyens vient à disparaître, sa mort n'existe que par la venue d'un homme politique. Mais le mobile du déplacement est d'une vérité insupportable : on ne l'écrira pas. Mieux vaut mentir par omission que douter de la démocratie : déjà les premiers médias préfèrent jouer l'apparence et l'image. Le choix du peuple est illusoire mais la presse est là pour alimenter sa foi : « People are the boss. » On entend en écho les journalistes du jour, si soucieux de « faire people », comme ils disent.

Dans la ville du désordre, l'ordre démocratique émergeait sous la forme d'une désignation en plein saloon, sans discours, dans la confiance directe des hommes et l'impatience de voir se rouvrir le bar au sortir de l'élection. Dès la convention — un échelon plus haut —, la rhétorique se joint au cirque pour occuper le terrain politique. Le porte-parole des gros fermiers use de tous les stratagèmes qui feront fureur dans les assemblées futures : il jette à terre le discours qu'il a préparé tandis qu'un quidam ramasse une feuille vierge ; un cow-boy monte à cheval sur l'estrade en faisant virevolter son lasso qui désigne le bon candidat ; face à lui, Ransom Stoddard ne doit son élection qu'à une presse efficace et au meurtre qu'il n'a pas commis. L'étendard sanglant est levé. Sitôt après les mensonges initiaux, d'autres apparaissent : on assiste aux premiers glissements progressifs qui banalisent les pratiques mensongères.

En deux heures sont mis en scène la loi, l'école, le droit, la violence, la démocratie représentative, le peuple, la presse, tous rassemblés, pour une majorité de plans, dans un lieu que le lexique politique rendra symbolique : la cuisine.

John Ford nous montre le meilleur des cas et les meilleurs des hommes — Ransom Stoddard, Tom Doniphon,

Dutton Peabody —, vainqueurs des pires — Liberty Valance et ses acolytes fanfarons. Il n'empêche, la démocratie fonctionne grâce à la violence et au mensonge. Les violences sont différentes : John Ford ne s'attarde pas comme on le ferait aujourd'hui sur la peau lacérée de Stoddard ni sur la blessure mortelle de Liberty Valance : l'hémoglobine et la souffrance des hommes comptent moins que les violences diverses, subjectives, inscrites sur les visages grimaçants de ceux qui blessent et tuent tour à tour. Ce ne sont pas les mêmes, il y a progrès. Mais, dans les deux cas, le silence est indispensable : Liberty Valance muselle la presse pour qu'elle se taise tandis qu'elle choisit spontanément le silence pour protéger Ransom Stoddard. Nous passons d'une censure à une autocensure.

Par ces scènes archaïques, John Ford révèle la démocratie et donne un avertissement : la démocratie naît dans des mensonges qu'elle voudra dissimuler. Ces mensonges initiaux sont inévitables : ce sont de moindres maux qui ne peuvent pas ne pas être. Mais aujourd'hui, nous ne sommes plus dans le meilleur des cas : Ransom Stoddard était candidat malgré lui, alors que nous vivons les désirs intensifs du pouvoir. Nous sommes aussi plus sophistiqués : les nouveaux modes de communication démultiplient les mensonges possibles. Le mensonge était originaire, il s'est reproduit et métamorphosé. Les mensonges du jour sont devenus plus calculés, plus systématiques et plus professionnels : ils semblent s'étirer à l'infini, jusqu'à l'intolérable, dans le désarroi des peuples qui croient en la démocratie.

A force d'oublier le mensonge, à force de croire aveuglément en une démocratie idéale, nous méprisons le soupçon des uns et le dégoût des autres : la méfiance et la distance du peuple étonnent ceux-là mêmes qui les produisent. Il faut pourtant assumer le mensonge pour le circonscrire. Il est de pieux mensonges qu'une démocratie doit reconnaître : à nier que, même en son sein, le pouvoir reste l'essence même du politique, la démocratie engendre des fautes inacceptables et de redoutables ennemis.

Le voyage que fait Stoddard est hautement symbolique : il revient aux sources de notre démocratie. Dans cette petite ville il s'était battu pour une certaine morale, codifiée en droit, pour des valeurs dont il ne voulait pas qu'elles soient soutenues par les seuls colts, aléatoires et versatiles. Il en est de même pour nous : la démocratie n'est jamais séparable d'une dimension morale mais c'est aussi un exercice du pouvoir. Menacée par le pouvoir dissimulé, la communication manipulée, le microcosme habité, les programmes fabulés et l'argent échangé qui circule aux carrefours, la démocratie devient malade d'un mensonge insupportable qui engendre maintes ténébreuses affaires.

Il ne sert à rien d'accuser les hommes politiques, ni de dénoncer ou vilipender les uns ou les autres. Le temps a passé. L'ambition démocratique évolue. Mais la démocratie, en son utopie, c'est-à-dire étymologiquement en son non-lieu, répète ses mensonges et ses leurres. Répétons-les avec elle, pour en comprendre les manifestations et les raisons, mais aussi pour ne pas laisser mourir la démocratie de cette maladie du mensonge ; la démocratie n'est pas — comme disent les juristes — de *constitution* assez robuste pour vivre dans une fièvre chronique. Elle a besoin de règles décidées comme de morale consentie.

On comprend d'où viennent notre satisfaction et notre plaisir quand le train s'éloigne vers l'est et quand le générique apparaît.

C'est que *l'Homme qui tua Liberty Valance* n'est pas un film pessimiste, désespérant, bien au contraire : d'un mensonge originaire le progrès politique est issu. Un peu de mensonge mythique rapproche de la démocratie ; trop de mensonges tactiques en éloignent nécessairement. Un peu de vertu assumée, comme dirait Montesquieu, telle est la nécessité de la démocratie. Trop de vertu exigée ne concerne que les peuples de dieux.

I

NON-LIEU POUR LA DÉMOCRATIE

La démocratie est le plus paradoxal des gouvernements. Les grandes typologies de l'histoire philosophique la mentionnent par principe, sans cacher leur scepticisme, tant elles doutent de son existence effective. Mais peu importe, la démocratie est aujourd'hui un maître mot, indiscutable, aussi canonisé que la liberté. Elle impose le silence aux critiques et la réflexion devient taciturne. Les définitions se bousculent, mais, pour garder le maître mot, les uns renvoient aux autres des ingrédients différents, de la liberté à l'égalité en passant par le respect des minorités ou la sécurité des biens et des personnes. La démocratie a plus de valeur que de sens, comme disait Valéry à propos de la liberté. Quand tout le monde s'accorde sur un mot, son extension trouble sa compréhension. Qui n'est démocrate, si ce n'est quelque royaliste par coquetterie ? On pourrait débattre des définitions nominales et de leurs évolutions ; mieux vaut étudier la démocratie dans ses actes et dans ses leurres que dans les déclarations : celles-ci confondent le performatif et la performance effective.

Nous avons vécu assez de trahisons et de déguisements

durant ces dernières décennies, nous les avons assez exploités pour ne les mentionner qu'au passé, pour les garder en mémoire comme autant de subterfuges qui capitulent devant le maître mot.

Ainsi Pinochet tenait-il à parler de « démocratie totalitaire » pour définir son régime de stades et de militaires tortionnaires, tandis que le rideau de fer nous séparait de « démocraties populaires ». D'un côté la contradiction lexicale, de l'autre le pléonasme. Devant deux mensonges si grossiers, il nous était facile d'ironiser en dénonçant des trahisons qui suffisaient à nous conforter. Dans l'échelle du cynisme, nos démocraties libérales prenaient leurs aises : le mieux n'est jamais loin du pire et l'on se plaît à répéter que notre système politique, à défaut d'être le meilleur, reste le moins mauvais.

Ni les tyranneaux africains, qu'un diktat économique somme d'être démocrates, ni les fous de Dieu excédés par notre superbe ne peuvent plus nous servir de prétextes. L'effondrement populaire des démocraties socialistes nous laisse face à nous-mêmes. Nos sirènes séduisantes, esthétiques, politiques et économiques — de la musique libérée aux marchés gorgés d'agrumes en passant par la liberté de la presse —, sonnent aujourd'hui comme des alertes stridentes. Ils sont des millions à découvrir que notre démocratie se servait de leurs dictatures maquillées comme de confortables repoussoirs : nous pouvions montrer du doigt le mensonge érigé en système.

Mais les peuples bâillonnés ignoraient-ils vraiment la nature du mensonge ? Quel est aujourd'hui le vrai mensonge ? Est-ce cette parole ou ce silence des dictatures auquel personne ne croit plus depuis des lustres ? Ou est-ce ce discours qui s'enveloppe frileusement dans le manteau de la démocratie ? Le mensonge effrayant d'une institution politique n'est plus mensonge quand il est perçu comme tel. Le mensonge insidieux de nos démocraties reste peut-être le mensonge essentiel, le plus conforme à son propre concept : qui ment effectivement ? Celui dont chacun sait qu'il ment, ou celui dont chacun croit qu'il peut dire la vérité et qui, dans le même temps, dit et fait son contraire ? Le vrai mensonge est celui qui réussit à faire accroire. Il n'est de vrai mensonge qu'efficace. Si tous les Crétois sont menteurs, nous savons, en l'écoutant, qu'Épiménide le Crétois est un menteur. Qu'il dise ce que bon lui semble. Les Athéniens peuvent en rire, mais son mensonge devient presque innocent, voire niais. Il embarrasse les logiciens quand il s'avoue lui-même menteur !

Durant la Première Guerre, Proust s'amusait d'entendre la belle série des victoires de l'armée française se rapprocher curieusement de Paris, comme nous riions jaune de voir les nuages radioactifs de Tchernobyl si soucieux de respecter nos frontières terrestres. Il est des mensonges institutionnels qui sont presque protocolaires ou, selon l'usage, « diplomatiques ». Des complots de la CIA aux hooligans de Gdansk, des « détritus faisandés de la bourgeoisie décadente » aux blouses blanches criminelles, des titistes aux banquiers communistes et juifs, nous avons joui de mensonges convenus, faciles à dénoncer, pour le plaisir de nous décerner des brevets de démocrates et de libéraux.

Mais entre Katyn et le sang contaminé, notre choix n'est-il pas de présomption ? Les Polonais savaient depuis longtemps leurs officiers assassinés par l'Armée rouge. Nous ne saurons peut-être jamais comment, non pas d'une balle dans la nuque, mais d'une seringue à distance, nous avons fait ou laissé mourir des centaines d'hémophiles. La seringue infectée est plus dangereuse pour la démocratie que le carnage prémédité. Chaque série de meurtres évoque d'autres possibles : l'autocrate sanguinaire renforce les aspirations démocratiques ; le démocrate contaminant suggère le discrédit du politique.

Le rideau de fer était un écran ; il nous est aujourd'hui devenu un miroir : il faut nous regarder tels que nous sommes, puisqu'on nous verra tels et qu'il n'est plus de subterfuge pour crier au loup en désignant ailleurs. Derrière le tain, des peuples s'agitent en dénonçant nos mensonges rénovés et nos leurres académiques.

Aujourd'hui, nous ne pouvons plus faire silence sur les mensonges qui agitent nos démocraties. A dissimuler dans l'ombre la réalité effective pour sauvegarder un concept fumeux, nous courons un terrible risque : celui de laisser le champ libre aux aventuriers autoritaires qui, drapés de leur vertu passagère, feront du mensonge l'essence même de la démocratie quand il n'en est qu'un ingrédient nécessaire qui doit être limité. La démocratie est un cocktail complexe : un soupçon de mensonge lui convient. Toute honte bue, nous en avalons aujourd'hui des rasades.

Nous discourons sur la démocratie, mais nous ne la vivons pas. Nous pensons un concept sans en faire l'expérience. La démocratie est le plus beau et le pire des gouvernements car, dans toutes les typologies, c'est le seul qui n'existe pas effectivement. La tyrannie, l'oligarchie, l'aristocratie, la monarchie s'affirment sans scrupules. Leur dénomination est un constat. La démocratie, elle, est atypique. On la critique toujours, car la réalité vécue n'est jamais conforme à son concept. On se leurre de mots et d'affirmations argumentatives : « nous qui sommes en démocratie, comment pouvons-nous tolérer que... », « dans un pays démocratique, il est invraisemblable que... », « mais enfin, la démocratie implique évidemment que... », « votre comportement n'est pas admissible dans une démocratie comme la nôtre », etc. La démocratie n'existe pas : c'est une merveilleuse idée rencontrée nulle part. Le marxisme a fait ses choux gras de ce jeu continuel qui existe entre l'affirmation *de jure* et mille constats *de facto*. La démocratie comme norme idéale engendre des critiques toujours recommencées car elle ne peut jamais se satisfaire de la réalité brutale que nous constatons quotidiennement.

S'agit-il pour autant d'une hypocrisie indéfectible? Jouons-nous sur les mots pour nous mentir à nous-mêmes ? Je crois que non. La nature même d'un concept qui n'a pas de lieu développe les conséquences de son non-lieu : en accusant tel aspect de notre vie politique, nous reconnaissons l'innocence du concept, nous lui accordons volontiers ce non-lieu.

Mais quelquefois, nous prenons nos désirs pour des réalités. Nous faisons *comme si*. Et nous avons raison de le faire. La démocratie est plus une exigence qu'une réalité. Il faut le savoir et le dire pour ne pas désespérer de la chose politique, pour continuer à s'en enthousiasmer. De ce point de vue, les moments des plus vives critiques sont des moments qui attestent notre santé : rien n'est plus terrible que cette apathie dont Tocqueville nous croit sans cesse menacés. Dans son concept, la démocratie n'est qu'une fin qui doit toujours nous pousser à améliorer le fonctionnement de notre société. Dans la réalité historique, les conditions et exigences du concept peuvent aussi changer. Car la démocratie est avant tout l'expérience d'un manque : l'expérience d'un décalage, d'un déphasage ou d'une différence entre le souhaitable et le possible. Or le souhaitable et le possible ne sont pas déterminés entièrement par nos conditions objectives d'existence. Ils jouent l'un avec l'autre tels deux menteurs qui jureraient de dire la vérité. Le souhaitable, c'est le concept même de la démocratie, dont nous modifions le contenu au fil de l'histoire ; le possible, c'est notre capacité, en tant qu'hommes réunis dans une même société, à assumer les engagements et les vertus qu'implique un concept d'une telle exigence.

L'histoire est loin d'être finie. Dire sa fin est un comportement nominaliste. Elle s'accomplit même si le mot est devenu maître mot, ou parce qu'il est admis comme tel. Mais il est bien plus dans l'ordre du devoir-être que de l'être. Nous savons que nous avons à progresser toujours et que, pour longtemps, nous resterons insatisfaits. Et nous devons nous réjouir d'être comme des cribles insatiables. Il est déjà bien beau que la force du concept impute nos erreurs et nos fautes à l'insuffisance de démocratie. L'accusation si souvent proférée réaffirme en même temps la constance de notre idéal. Récemment des esprits pessimistes rechignaient : notre démocratie dysfonctionne, pleuraient-ils ; il est anormal qu'il faille deux millions de personnes dans la rue, en 1984, pour faire reculer le pouvoir politique sur la question scolaire. Piètre objection ! Triste argumentation ! Comment être démocrate et nier en même temps cette belle conquête démocratique que fut la liberté de manifester ? La démocratie gagne à chaque coup quand le peuple sort de l'apathie dans le respect de la loi.

La démocratie, dans son concept même, enveloppe l'idée d'un vœu pieux. Mais elle vaut mieux que tous les projets impies qui assassinent nos vœux. Il faut donc en payer le prix : l'esprit démocratique, pour autant qu'il est vivant, s'alimente dans la critique roborative. Le peuple français est un peuple de mécontents, de « jamais contents », se plaint-on quelquefois. C'est sans aucun doute le lot de notre esprit démocratique. Quand on en comprend la nécessité, on ne s'en désespère plus, on y puise au contraire des raisons d'espérer. Pourquoi nous comparer à d'autres pays qui, dans le scandale international du sang contaminé, sont loués de leur calme et de leur passivité ? D'une certaine manière, nous devons être fiers que l'affaire, en France, fasse scandale. Le scandale est à la mesure de notre ambition démocratique. La France, malade du mensonge, s'ausculte périodiquement.

Il est vrai, nous vivons dans le mensonge. Dès que nous disons le mot « démocratie » pour nommer notre mode de gouvernement, qu'il soit américain, allemand ou français, nous mentons. La démocratie ne peut jamais être qu'une idée régulatrice, une belle idée dont nous baptisons promptement des pratiques très diverses. Nous en sommes loin, mais encore faut-il le savoir et le dire. Nous en avons quelques symptômes ; le diagnostic est prématuré et le pronostic démocratique semble fort optimiste. Mais nous savons qu'il faut y croire, car la foi nous sauvera d'un lâche scepticisme.

Certes, on dira : chacun le sait, le peuple le sait, il ne gouverne pas, c'est une manière de parler, par différence, pour s'opposer à l'aristocratie, à la tyrannie, à la monarchie ou à toutes les oligarchies.

Mais on répète au peuple le contraire : la société de la communication est société de transparence ; on promeut le « parler vrai » ; on organise des élections ou des référendums pour que le peuple décide ; on l'invite à s'exprimer dans les isoloirs ou sur les écrans cathodiques ; on se rapproche sans cesse des gens qui « d'ailleurs ne demandent que ça ». Qu'il s'agisse de jeux ou de *reality shows*, tout le monde peut participer et gagner. On se congratule de grands débats démocratiques qui agitent seulement un microcosme. Nous ne sommes pas dans une société de communication, nous errons dans une constellation d'images. Non seulement la démocratie n'échappe pas aux leurres, mais elle les produit dans un monde qui s'y fait de plus en plus réceptif.

Prenons quelques exemples de ces jours, sans remonter à ceux que l'histoire nous dévoile mais que le temps passé nous voile à force de distance et de leçons oubliées. Pour comprendre les rôles du mensonge et du leurre, la meilleure méthode consiste à aller du plus grave au plus futile, de la mort au divertissement : ce sont des mécanismes analogues qui sont en cause. Les politiques errent, entre mensonges et leurres, dans un temps qui n'est plus celui des citoyens. Leurs préoccupations se lisent dans leurs occupations.

La démocratie, dans un monde d'images, ne les laisse jamais libres. D'ailleurs, pour qui échappe à l'histoire de la philosophie, le *libre* s'oppose toujours, dans l'usage courant, à l'*occupé* : ainsi qualifie-t-on avec justesse la ligne téléphonique, les pièces hygiéniques, les zones en temps de guerre, ou les soirées privées. Toutes sont ou libres ou occupées. Tel est le sort des hommes politiques dans notre démocratie : ils perdent la liberté de penser tant leur pensée est occupée tous azimuts. Ils n'ont pas eu cinq minutes de liberté pour s'occuper de notre sang, alors qu'ils ont des journées entières pour nous jouer la farce des élections primaires. On dira que ce ne sont pas les mêmes, qu'il faut distinguer entre la majorité et l'opposition. C'est pur hasard de calendrier. Les rôles eussent été inversés si l'épidémie du sida avait été décalée dans le temps : les uns s'occupent du pouvoir qu'ils occupent, les autres s'occupent du pouvoir d'occuper l'attention.

La démocratie cherche un lieu où poser son concept. En attendant, toujours peut-être, on doit donc lui reconnaître ce non-lieu, sans l'accabler de tous les maux, car chaque débit se fait au nom de son crédit. La démocratie inculpée a toujours besoin de corrections. Chaque fois qu'une nouvelle technologie ou des conditions économiques inédites semblent l'assurer, les pouvoirs se liguent pour la contrarier. La démocratie est victime d'une succession de détournements qui sollicitent l'esprit critique. L'esprit demeure heureusement insatisfait.

La maladie est peut-être chronique : ce qui peut favoriser la démocratie peut également lui nuire ou être contrarié par des dimensions perverses et inattendues. Chaque innovation, technologique ou sociale, se heurte à des mensonges nouveaux ou produit des leurres inconnus. Chaque progrès engendre de nouveaux mutants qu'on peine à débusquer : quand disparaissent les analphabètes, citoyens en difficulté, apparaissent de nouveaux médias qui travaillent les esprits en tous sens ; quand le pouvoir d'achat augmente, qui multiplie l'accès aux moyens d'information, surgissent de nouveaux exclus ; quand de nouvelles institutions assurent une stabilité dans le gouvernement des hommes naît une dérive absolutiste ; quand on revient des lourds programmes, l'image fabrique de nouveaux leurres ; quand s'effondre l'utopie meurtrière du communisme, le capitalisme ne se satisfait pas d'un triomphe modeste et veut encore réduire l'expression syndicale des citoyens ; quand le pouvoir central se décentralise au plus près des citoyens, l'argent vient corrompre les responsables locaux ; quand la recherche progresse pour nous dévoiler notre patrimoine génétique, les scrupules faiblissent pour suggérer un nouvel eugénisme ; quand notre démocratie s'ouvre sur l'Europe, les microcosmes s'enhardissent ; quand le mensonge est rendu plus ardu par l'accélération des moyens de communication, c'est la rapidité elle-même qui entame la réflexion.

De tout cela nous sommes inquiets, c'est vrai, à la mesure de nos espérances. Telle est la démocratie elle-même : en état de perpétuelle *inquiétude*, comme dirait Leibniz d'une monade qui exprime et perçoit toujours le monde à sa manière.

Les absences du pouvoir : le sang contaminé

Dans l'affaire du sang contaminé, l'essentiel n'est pas la chose jugée ni le justiciable. C'est le responsable et non le coupable : la formule est moins sotte qu'on ne l'a dit, mais alors il faut la développer dans toutes ses conséquences. Être *responsable* c'est, dans la langue et dans le concept, *répondre* de ses actes ou de ses paroles, de ses omissions ou de ses silences. Parler d'un responsable politique, ce n'est pas seulement désigner une fonction, c'est reconnaître le concept même de la responsabilité. Après tout, les ministres se font rarement prier pour occuper leur fonction. La rançon de la gloire a un sens, comme l'honneur de tout seigneur. Répondre de ses actes ou de son inaction ne saurait se réduire au seul témoignage : les seules réponses s'y font aux acteurs d'une procédure judiciaire qui rend le témoin étranger à l'affaire, dans un procès d'où le politique s'absente comme responsable. Un ministre n'est pas un simple témoin. Depuis Platon, gouverner, c'est tenir le gouvernail, être à la barre. Celle du navire n'est pas celle d'un tribunal.

Trois personnalités sont directement mais inégalement

concernées par la suspicion publique : Edmond Hervé, Georgina Dufoix et Laurent Fabius, respectivement responsables de la Santé, des Affaires sociales et de la Solidarité nationale, et Premier ministre. Sous leur autorité ont été différées des décisions importantes ou retardées les applications de dispositions adoptées. Il s'est ensuivi la maladie puis la mort de plusieurs centaines d'hémophiles et de transfusés. Les ministres en cause sont parmi ceux que l'on considérait souvent comme les plus vertueux, et dans leurs villes respectives ceux qui les connaissent le mieux en sont abasourdis. Localement chacun se tait, amis, alliés et adversaires tous confondus par le décalage entre ce qu'ils savent des personnes en cause et la catastrophe qui s'est déroulée à l'ombre de leur pouvoir. Il est donc vain de soupçonner une corruption souterraine, comme d'accuser des personnes en tant que telles. Mais justement, Ransom Stoddard était, lui aussi, un honnête homme.

Les centaines de malades contaminés révèlent la politique dans son essence propre et la démocratie dans ses travers. Ce sont d'ailleurs les mêmes perversions qui divisent sur cette affaire la majorité présidentielle et l'opposition. Cette dernière continue dans le même sens en parlant de Haute Cour sur un ton polémique et de mise en accusation, alors que la démocratie est en cause et qu'elle persévère, chaque citoyen le sait, dans de macabres jeux. Au lieu de prendre peur face à ces dérives tragiques, au lieu d'en tirer des leçons pour eux-mêmes, certains politiques se préparent à la répétition du même, partis contre partis ; ils oublient qu'en cohabitation leurs ministres alliés mirent aussi peu de zèle à s'inquiéter des hémophiles. D'ailleurs, une telle affaire n'est sortie que par la grâce de journalistes soupçonneux : ni le parquet, ni les médecins, ni les politiques d'aucun bord n'ont crié au feu. En dernière instance la responsabilité renvoie logiquement aux ministres de tutelle de l'époque (1985), puisque la grandeur de la charge enveloppe sa décadence, comme l'endroit implique l'envers.

L'affaire du Centre national de la transfusion sanguine (CNTS) n'est pas fortuite. Elle nous montre à quel point le microcosme politique, trop éloigné du peuple et de sa santé, peine à se mobiliser autour d'un enjeu qui lui semble exogène. Dans notre démocratie, le monde politique est un petit monde qui évalue les signaux en fonction des jeux qui s'y déroulent. Dans la vie des cabinets ministériels, les priorités sont toutes ordonnées en fonction de l'exercice du pouvoir. Une section socialiste menace-t-elle de passer aux jospinistes, les rocardiens s'agitent dans l'heure; et réciproquement. Leurs urgences ne sont pas démocratiques, elles sont microcosmiques. Et ils y passent tout leur temps, au lieu de gouverner. De même au sein de l'opposition. Dans la démocratie, telle qu'on la nomme, la vie des politiques est faite de mille soucis qui éloignent toujours plus de la vie quotidienne des citoyens.

Le drame du sang vient avant tout du pouvoir et de son exercice : les échéances électorales, les rapports avec le Château, les conflits de compétence, les jeux internes des partis, les relations avec la circonscription, les désignations de candidats, la construction des images individuelles, les entretiens dans la presse, tous ces moments de la vie politique sont autant de temps pris par le pouvoir sur le temps qu'il faudrait consacrer aux citoyens. De toute évidence, les hémophiles et le CNTS ne s'inscrivaient pas dans les priorités d'un ministre. Et l'aurait-il pensé, son cabinet aurait filtré l'essentiel et l'accessoire. Les politiques passent de moins en moins de temps à gouverner et de plus en plus de temps à paraître gouverner, c'est-à-dire manifester leur présence. Quand s'ajoute à ces distractions la réalité d'une administration de la Santé parmi les plus faibles de nos ministères, le mauvais tour est joué. La première tâche d'un nouveau responsable serait de commencer par réformer, voire reconstruire, une administration en déshérence, devenue incapable de remplir les missions très nombreuses qui lui sont assignées par l'État lui-même. Or, Edmond Hervé et Georgina Dufoix vaquaient à bien d'autres occupations : le premier, outre sa charge ministérielle, était en même temps maire de Rennes — ville de deux cent mille habitants —, président de divers comités et dirigeant du parti socialiste ; la seconde cumulait les fonctions de porte-parole du gouvernement, de conseiller général du Gard, de dirigeant du parti socialiste, et préparait sa campagne des législatives comme le montre la lamentable affaire Trager. Dès lors, le responsable ne peut plus répondre de rien : chaque mandat qu'il reçoit du peuple ou du gouvernement le conduit à feindre la compétence, à lire ce que d'autres ont écrit. Tel est ce mensonge du pouvoir qui prétend pouvoir ce qu'il ne peut pas, représenter des citoyens dont il ne peut s'occuper et diriger une administration qu'il est contraint d'ignorer.

Ce mensonge dépasse les bornes d'un mensonge que pourrait tolérer la démocratie. Sans doute ne dépend-il pas entièrement de la volonté individuelle, c'est pourquoi il serait ici injuste d'entamer un procès d'intention contre les personnes mises en cause.

Mais la direction générale du CNTS savait sans doute cette absence du pouvoir. Dès lors, il lui suffit d'envoyer une brève note pour se disculper : Garretta peut bien l'avoir écrite ; il sait qu'on n'y répondra pas, ou alors trop tard. On est trop occupé pour ça. De ce fait, les cabinets de notre république sont devenus pléthoriques quand d'autres démocraties les réduisent ou les suppriment, multipliant ainsi les écrans et les leurres. L'administration, déresponsabilisée, ne cherche plus qu'à se couvrir sous le parapluie de jeunes, techniciens ou politiques, qui peuplent les cabinets dans l'attente d'un parachutage sur quelque entreprise ou administration publique.

Plus que toute autre forme de gouvernement, la démocratie est absorbée par le pouvoir. Par la complexité des promotions, par les complications du jeu démocratique, le pouvoir politique s'éloigne toujours plus des citoyens : son mensonge réside à la fois dans son éloignement et dans l'affirmation de sa proximité. Le problème essentiel de la démocratie réside dans la négation même de sa propre essence : les politiques y mentent plus qu'ailleurs tant ils veulent se dire près du peuple et dissimuler leurs occupations.

Dans le jeu qui s'est progressivement imposé, il est probable qu'aucun ministre, de droite comme de gauche, n'aurait été alerté : respecter les minorités est le mieux que l'on puisse faire ; s'en soucier relève de l'utopie ; ou alors, il faut être une minorité tapageuse, comme le sont maintenant les hémophiles dont les cris, amplifiés par les médias, sont enfin devenus audibles. Voyez la différence : quand l'affaire est sous les projecteurs, Bernard Kouchner sait de quoi il retourne ; il connaît les moindres détails jusqu'à décrypter la négociation du CNTS sur le licenciement de Garretta pour fustiger publiquement ces accords occultes. Il peut lire dans la presse les mots affectueux de Jacques Ruffié envoyés en 1990 au directeur sur qui repose aujourd'hui toute l'infamie. Médecins, scientifiques et tous experts restent tapis dans l'ombre, protégés par le discrédit d'un politique qui a trop tardé à prendre la mesure de sa responsabilité.

En quelques mois les enjeux ont changé. D'où ce paradoxe : les priorités ne sont pas hiérarchisées en fonction des intérêts du peuple ; c'est la presse, ce sont les médias qui les ordonnent aujourd'hui. Ce fut positif dans l'affaire du sang contaminé, mais peut-on affirmer que c'est souhaitable ? Les médias ordonnent, dans tous les sens du terme, soit par ce qu'ils disent et communiquent, soit par ce qu'ils pourraient ou pourront dire et communiquer. S'ils dissimulent ou sont ailleurs divertis, ce qu'ils ne mettent pas en pleine lumière demeure caché dans les ténèbres des cabinets.

Georgina Dufoix, Edmond Hervé comme Laurent Fabius n'ont pu dire cette vérité du pouvoir : ils ne pouvaient faire autrement. Ils disent n'avoir pas su et c'est certainement vrai. Ils auraient dû ajouter qu'ils ne pouvaient pas savoir. Or aucun d'entre eux n'a publiquement produit l'analyse de son processus d'ignorance. Mais qui peut le dire sans avouer une vérité intolérable, sans rompre le silence dont le microcosme fait un mensonge ? Avouer une cécité nécessaire, c'est risquer le discrédit sur toute la politique qui a été menée. Et pourtant, il est dérisoire de s'en tenir à l'idée qu'on n'a pas été informé.

Dans les derniers jours d'octobre 1992, Bernard Kouchner, ministre de la Santé, interroge publiquement les députés : « Les ministres sont-ils responsables *bien qu'*ils aient ignoré ou sont-ils responsables *parce qu'*ils ont ignoré ? » Terrible et pertinente question. Silence dans l'Assemblée. Personne ne répond, personne ne reprend même la question. Pourtant la formulation du problème suggère implicitement sa solution : évidemment, c'est leur ignorance qui est en cause. Après la catastrophe, ils sont coupables d'avoir argué de cette ignorance, de s'être cachés derrière elle pour se justifier, mais leurs adversaires n'en sont pas moins hypocrites : ils savent qu'il n'existe aucune défense convaincante ; ils savent que l'aveu est impossible. Comment reconnaître, en démocratie, que leur ignorance était fonctionnelle et qu'ils savent au moins cela : ils ne pouvaient pas savoir. Plus qu'ailleurs, en démocratie, la vérité du politique est difficile à formuler.

Si le mal est fait, il importe qu'il ne se reproduise plus. Or tout se passe comme si l'on ne tirait pas les leçons de cette expérience. La souffrance des hémophiles mérite d'autres effets. Au lieu de quoi, l'on course les boucs émissaires : chacun perçoit l'indécence de cette chasse à l'homme.

Sans nul doute, cette affaire laisse d'effrayantes traces dans la conscience publique. Tout s'y concentre, dans des proportions inconnues jusqu'alors ; tout s'y mélange, au point qu'on peut même jouer de cette confusion.

Séparons les événements, dans une analyse politique et non judiciaire. Dans l'ordre chronologique, les faits sont accablants : tout commence avec le don gratuit du sang, passe par les spéculations et l'agitation du CNTS, et s'achève dans la contamination des hémophiles. La générosité s'achève dans la mort. Le sang de la vie devient le sang de la mort. Que s'est-il passé entre les deux seringues, celle qui pompe les donneurs et celle qui tue les transfusés ?

D'abord, en 1985, l'épidémie de sida est confirmée depuis plus de trois ans ; elle est devenue un problème mondial qui mobilise les chercheurs en colloques. La concurrence féroce des scientifiques entre eux commence à se manifester : elle débouchera plus tard sur les sinistres polémiques entre les professeurs Gallo et Montagnier quant au droit des inventeurs. On sait qu'il y aura des affaires à faire. Si les ministres s'étaient autant mobilisés sur la santé publique que pour défendre les intérêts financiers de l'Institut Pasteur, nous n'en serions pas là. A moins qu'il ne faille écrire l'inverse, dans la mesure où notre protectionnisme sur les produits chauffés avait aussi pour but de protéger les recherches menées dans le même institut.

Pendant ce temps, la transfusion sanguine est une affaire qui tourne. Entre le don gratuit et la mort inoculée interviennent en droit l'État, les politiques et les organismes parapublics sous tutelle de l'État. Peu importent les mécanismes de transformation : il s'est passé quelque chose. L'État est intervenu tardivement, donc il pouvait le faire : c'était en son pouvoir. Autrement dit, en dernière instance, tout dépendait du pouvoir : la décision, les délais, l'application, le contrôle de l'application. Objectivement, il y avait urgence, pour une petite population, peu connue, malade, vulnérable, mal organisée. Mais depuis une décennie, traqué de toute part, l'État s'est désengagé de tout et il n'engage à rien.

Dans l'entre-deux, on découvre le CNTS et son directeur. Il est grassement payé, ce qui scandalise quand le don est gratuit et généreux. Il monte des filiales, y gagne personnellement de l'argent, peut-être plusieurs millions de francs. Il est licencié ou démissionne avec une indemnité confortable de trois millions de francs ; il reçoit la Légion d'honneur en 1989 « à titre exceptionnel » ; il obtient l'assurance écrite que les frais de sa défense seront payés par le CNTS. Ces quatre faits — salaire, profits, indemnité, assurances — relèvent de la tutelle politique et administrative. L'excès d'honneurs devient indignité. On se scandalise aisément des profits, de la richesse, de la maison de Boston. On mélange l'intérêt financier d'un médecin suspect et le scandale de la contamination. Or les deux scandales n'ont qu'un seul point commun : ils ont été tolérés par la puissance publique. Rien ne prouve que la cupidité de Garretta soit la cause de la contamination : il est facile de l'affirmer pour réduire le débat à une question de personnes, Garretta étant le bouc émissaire idéal. Toutefois, même s'il le méritait, la vérité ne souffre pas cette réduction. Car la cupidité et la contamination relèvent d'une même logique du profit ou de l'économie, non seulement tolérée mais encouragée dans les services publics. D'ailleurs, les arguments financiers et économiques sont sans cesse repris par Garretta comme les conseillers scientifiques, qu'il s'agisse des conséquences financières de la destruction des stocks de sang existants ou de la concurrence entre Abbott et l'Institut Pasteur sur les procédés de chauffage. « Je ne veux pas être le ministre des Comptes », avait protesté Nicole Questiaux en quittant son portefeuille. On a peut-être eu tort d'ironiser sur cette formule, à la lumière de ce qu'ont pesé par la suite la souffrance des hommes et les comptes d'apothicaires sans scrupules.

Les hémophiles ne sont plus des patients ni des malades, ce sont des clients. Même les organismes de Sécurité sociale ont appris ce langage : ils ont trouvé inélégant le terme d'« assujettis », on leur recommande aujourd'hui de parler de « clients ». C'est officiel et inscrit en toutes lettres dans leurs formations internes. Le service public n'a pas su inventer un lexique, il l'a repris platement à l'entreprise privée, comme si l'identité d'une organisation n'était pas en partie inscrite dans son lexique commun. Il faut donc situer tout ce drame dans un contexte plus général : d'un côté le service public a perdu ses repères, de l'autre les hommes politiques ne savent pas reconnaître les priorités. Les deux aspects s'engendrent l'un l'autre. Le cas Mérieux comme les prélèvements carcéraux confirment cette analyse.

Il faut distinguer entre les règlements de compte *a posteriori* et les conditions d'exercice du pouvoir qui permettent un drame comme celui-là. Les ministres en cause savent leur impuissance ; toute l'organisation des cabinets aboutit à l'ignorance et à la cécité. Surtout, elle inverse l'ordre des urgences. C'est pourquoi ils doivent passer aux aveux : leur « responsabilité », ce serait aujourd'hui de critiquer leur propre fonctionnement pour que toute la classe politique en tire les leçons, mais aussi pour que les citoyens comprennent ce qu'est l'exercice du pouvoir dans une démocratie. L'opacité n'est plus supportable. Des centaines de morts l'attestent.

Cette intelligence est décisive car, à défaut d'être efficace sur le pouvoir politique lui-même, on peut l'atteindre par détours et biais. Peut-être les médecins informés l'ignoraient-ils. Il faut en tout cas le supposer pour que la culpabilité ne retombe pas en grande partie sur eux. En effet, le mécanisme qui a dévoilé l'affaire aurait pu être utilisé bien plus tôt : les médecins informés comme les dirigeants du CNTS n'avaient qu'à prévenir la presse, *le Canard enchaîné* ou un média audiovisuel, pour obtenir les réactions qu'ils attendaient des politiques. Il suffit, dans un cabinet, de voir avec quelle anxiété et quelle fébrilité, chaque mardi soir, on se précipite sur l'édition du *Canard enchaîné* pour savoir où se situe la vraie sensibilité des politiques. On peut regretter que les politiques n'agissent et ne réagissent que par médias interposés, mais Tocqueville le prédisait déjà : seules les associations et la presse peuvent garantir la démocratie. Dans sa perspicacité il n'oubliait qu'une chose, mais elle est essentielle : dès lors que tout repose sur la communication dans l'espace public, l'ombre et la lumière se distribuent en fonction de l'attention des médias. Les faibles, dans notre société de communication, ne sont pas les plus pauvres et les plus démunis, ce sont ceux qui sont les plus éloignés des médias. Notre démocratie devient une *médiacratie*, pour reprendre la juste expression de François-Henri de Virieu et de Bertrand Poirot-Delpech.

On oublie souvent un aspect majeur de cette affaire : la droite, au pouvoir entre 1986 et 1988, n'en a soufflé mot. A n'en pas douter, si elle y avait trouvé l'occasion de mettre en cause le gouvernement socialiste, elle ne l'aurait pas manquée. Aujourd'hui, le silence de Michèle Barzach, ministre de la Santé sous Jacques Chirac, comme celui de Philippe Seguin, ministre des Affaires sociales dont elle dépendait, ou d'Albin Chalandon, ministre de la Justice — qui a laissé se poursuivre les prélèvements sur les prisonniers —, ne laissent pas d'étonner. Ils ont pourtant hérité des dossiers et maintenu Garretta à la tête du CNTS. C'est dire à quel point cette affaire, qui concernait quelques centaines d'hémophiles, était éloignée des préoccupations des ministres et de leurs cabinets. Tous les filtres du pouvoir jouaient de la même façon, sous la droite comme sous la gauche. Certes, les décisions à prendre l'étaient sous la gauche, mais les informations n'étaient pas plus reçues sous la droite. Un malheureux hasard fait retomber sur des ministres désignés tout le fardeau de la faute quand c'est notre démocratie elle-même qui est en cause.

Dans cette affaire apparaît un autre aspect de l'action politique. Désormais sous les phares des médias, elle les intéresse inégalement. On réserve les décisions pour les lumières des journaux télévisés. De ce fait, c'est la décision qui marque l'homme politique et non l'application. La décision est de l'ordre du discours : en elle-même, on devrait lui reconnaître une importance quasi nulle. Ce qui compte, c'est la pratique effective. Or celle-ci ne se situe pas dans le même élément du temps. Elle passe par tous les mécanismes du pouvoir administratif et doit les suivre, en toute légalité. La décision est dans l'instant ; la réalisation est dans la durée. L'événement convient mieux aux médias : il se prête au direct. On appelle cela les « effets d'annonce ». Or les cabinets sont essentiellement orientés vers le ministre : sa charge et ses occupations contribuent à rendre hétérogènes son temps et celui des processus de réalisation ou de mise en œuvre. Dans le meilleur des cas, c'est-à-dire dans le cas ou le « je dis » correspond au « je veux », il reste à passer au « je fais » ou au « je fais faire ». Une règle de grammaire latine donne la mesure de ce qu'était le pouvoir de l'empereur : *Caesar pontem fecit* signifie à la fois « César fit un pont » et « César fit faire un pont ». Ce n'est plus vrai dans la démocratie, car la décision doit suivre des itinéraires depuis longtemps balisés par des règles de droit administratif. Sous la pression des urgences médiatiques, les décisions sont prises en pleine publicité. Puis il faut passer à d'autres. Et les cabinets se désintéressent du temps effectif de l'opération. Il s'agit pourtant d'une responsabilité essentielle. Laurent Fabius a certainement été l'homme le plus lucide dans l'affaire du sang. On le connaît comme un homme qui gère parfaitement son temps et ne s'encombre guère de réceptions inutiles, quitte à effaroucher le Quai d'Orsay lorsqu'il faudrait recevoir une personnalité étrangère. Sa décision rapide ne souffre aucune critique. Mais la hiérarchie des priorités ne permettait pas de suivre l'application de la décision : elle était à la charge des ministères de tutelle. Dans les accusations présentes, il paie donc toutes les amnisties, toutes les affaires révélées puis étouffées dont on révèle à nouveau l'étouffement. Il a sans doute raison d'affirmer que c'est le parti socialiste qui est visé, mais quelles que soient les arrière-pensées politiques de ses adversaires, c'est bien plutôt tout le système du pouvoir qui mériterait d'être remis en cause, car d'autres ministres en place n'auraient pas fait mieux. Sans doute la démocratie a-t-elle besoin de cette suspicion légitime. Georgina Dufoix devait s'occuper de sa ville de Nîmes, de son hôpital et du financement de ses campagnes. Tout distrait de l'essentiel. Nous touchons là une des difficultés fondamentales du pouvoir politique dans la démocratie.

Est-ce une question morale ou est-ce un problème strictement politique ? Les politiques, au fil du temps, deviennent souvent insensibles à la morale. Sauf si la morale est une image ; elle s'évalue alors en fonction de l'image. Le seul levier d'une transformation à venir serait de cet ordre : il faudrait que les responsables politiques prennent pleine conscience du danger qui nous menace dans une pareille affaire. Mais c'est s'arrêter au milieu du gué que de ne point parvenir à rétablir le cordon ombilical qui unit notre république à une certaine morale publique autrefois dispensée dans les écoles. Le problème du mensonge est un problème à la fois moral et politique : politique, parce que la démocratie en est malade et que la méfiance populaire croissante la rend fébrile ; moral, parce que, comme le pensait Platon, la santé de l'âme humaine n'est pas sans lien avec la santé de la république. Il n'y a pas d'âme saine dans un corps politique malade : soit que le politique cautionne tous nos égarements individuels, soit que, lâchement écœurés, nous démissionnions de notre qualité de citoyen.

La Haute Cour peut-elle résoudre la question ? Entre morale et politique, l'argument des associations d'hémophiles est significatif : ce n'est pas cette instance en elle-même qui les intéresse, mais le mécanisme constitutionnel qui assure une instruction par la Cour de cassation. Il semble bien difficile d'opposer un argument valable à leur désir d'instruction : la démocratie ne peut qu'y gagner. La voie est courte et elle permet d'éviter la mise en branle d'une réforme constitutionnelle invraisemblable.

Notre démocratie se déshonore lorsqu'elle concocte des lois pour des particuliers : une loi sur la presse dirigée contre Hersant, une loi d'amnistie faite sur mesure pour sauver Nucci ; il ne manquerait plus qu'une réforme constitutionnelle pour en épargner d'autres. Là encore nous dépasserions la limite du tolérable.

Le principe de la Haute Cour n'est pas mauvais dans une démocratie. On ne voit pas comment un ministre pourrait être traduit devant une juridiction commune pour des fautes commises dans l'exercice de ses fonctions. Certes si, dans un délire soudain, il commet un délit ou un crime de droit commun — comme voler une voiture ou étrangler un concitoyen —, la situation est différente. La Haute Cour est une juridiction adéquate pourvu que l'instruction n'en soit pas politique : si les magistrats de la Cour de cassation, requis en la circonstance, sont bien indépendants — ce dont la Constitution pourrait mieux s'assurer ! —, la démarche est pertinente. Il est même étonnant que les ministres concernés n'aient pas sollicité son concours : s'ils sont sincères, ils cherchent certainement à comprendre eux-mêmes ce qui s'est passé à leur corps défendant. La Haute Cour est pertinente si l'on en revient, de près, à la notion même de responsabilité et si l'on évite un acte d'accusation déshonorant. Le gouvernement est constitutionnellement responsable devant le Parlement. Un ministre doit donc répondre de ses actes. Sa responsabilité étant d'une nature très particulière et spécifique, il est logique qu'elle soit évaluée par les élus du peuple qui connaissent la fonction, mais il est nécessaire qu'elle soit explicitée devant le peuple. Peut-être sommes-nous en train de découvrir dans la Haute Cour un recours méconnu de la Ve République, dont il faudrait user davantage pour éclairer cette notion de responsabilité encore bien confuse dans certaines fonctions. Par ce biais, la nature du politique pourrait nous être davantage révélée. Il n'existe pas de jurisprudence en la matière. Mais la responsabilité dépend du pouvoir dont on dispose ou qu'on s'arroge.

L'indécence fut sans bornes quand des socialistes crièrent à la machination politique parce que l'opposition voulait utiliser cette procédure. Certains allèrent même jusqu'à affirmer qu'il était indigne d'utiliser la souffrance et la mort des hommes aux fins de tactique politicienne ! Cette inversion de la cause et des effets a quelque chose de tragique, car les souffrances et les trépas sont bien là, sans être fabriqués pour la circonstance. En était-il autrement lors de l'ignoble profanation du cimetière juif à Carpentras ? L'« exploitation » fut immédiate et retentissante. Chacun choisit ses cimetières. Ces jeux sont sordides et marquent l'incapacité d'un pouvoir à se remettre en cause. Le sort des transfusés mérite d'autres indignations. Et quelles que soient les arrière-pensées politiques des uns et des autres, il est des moments où le jeu des mensonges et du pouvoir devrait s'arrêter. Plus le pouvoir est irritable, moins il a d'autorité.

L'affaire du sang contaminé restera la plus grave de ces dix années de pouvoir socialiste. Elle concerne le corps des hommes et prioritairement le corps d'hommes déjà atteints dans leur sang. Elle touche les bien portants qui ont donné et les hémophiles qui ont reçu. Entre les deux, un fléau mondial s'est désormais associé au pouvoir politique. La démocratie est en danger de plusieurs côtés. Par une carence politique l'hémophilie est une maladie qui va peut-être disparaître de cette terre, dans les souffrances et la mort ; par une autre faute politique, un nouvel eugénisme toléré pourrait bientôt se donner les moyens d'accomplir le processus.

Dans la confusion des esprits, l'affaire de la transfusion

sanguine peut être l'objet d'associations et de métaphores inquiétantes. Notre démocratie malade est aussi contaminée. Elle perd tous ses systèmes de défense. Là aussi, il ne faut pas réagir trop tard. On ne prend pas impunément le vote gratuit des citoyens pour leur offrir un tel spectacle. Ils ne peuvent supporter que le geste gratuit du suffrage universel devienne profit pour certains et que la volonté du peuple se perde dans les méandres d'un pouvoir distant. La corruption des temps fait le reste : l'affaire du sang contaminé est une véritable métaphore du politique. Le mensonge et le pouvoir engendrent la négligence. L'urne devient funéraire.

La fabrication d'un leurre : les élections primaires

Du scandale de la transfusion à la préparation des élections primaires — internes à l'opposition actuelle —, on passe de la tragédie à la comédie. Mais il y est toujours question du temps qui occupe les politiques : les mensonges du pouvoir connaissent bien des avatars. Pendant la crise, le spectacle continue.

L'action politique est certainement la moins efficace des actions dont les hommes sont capables. Les militants de base le savent, qui passent des nuits à coller des affiches aussitôt arrachées par les partis concurrents ou nettoyées par des entreprises employées à bon escient. En démocratie, une bonne partie des actions décidées par les états-majors ont pour but d'occuper les militants, de leur donner des actions qui soient des raisons d'exister.

Mais il ne faudrait pas croire que le pouvoir politique se réduise à l'exercice du pouvoir au gouvernement. Les partis d'opposition sont affectés de ces travers qui agitent les majorités. Privés d'actions et d'initiatives ayant un effet national, même si la décentralisation leur donne aujourd'hui l'occasion de faire quelques démonstrations locales, ils doivent malgré tout réussir à occuper le terrain médiatique, au-delà des stations régionales et de la PQR — la « presse quotidienne régionale » en langage médiatique.

Pas plus que la majorité à la tête du pays, les partis d'opposition ne peuvent ouvertement assumer ni expliciter le problème du pouvoir qui est au centre de leurs préoccupations. Pourtant, toutes les actions sont ordonnées par la concurrence interne autant que par la concurrence externe. Le temps passé à la réflexion politique et à la préparation de l'avenir est infime au regard des multiples jeux qui divertissent — au sens pascalien — de l'essentiel clamé haut et fort.

Le meilleur exemple récent est celui des primaires annoncées à grand renfort de communication. Pour être celui qui remplacera la majorité en place, il faut d'abord s'assurer d'être le premier dans l'opposition. La difficulté réside dans le fait que cette première place ne se décrète pas et ne peut reposer sur des relations de pouvoir qui la garantissent. Autant la majorité tient son pouvoir du suffrage universel, autant l'opposition ne peut s'appuyer sur une procédure qui, tant qu'elle est minoritaire, ne lui assure pas l'obtention de cette majorité en bon ordre. La conquête du pouvoir dépend d'un pouvoir de fait difficile à légitimer. Il est donc essentiel pour chacun des différents aspirants au pouvoir politique de ne pas apparaître comme un facteur de division susceptible d'éloigner l'opposition de cette majorité à venir. Ainsi rivalise-t-il avec les autres dans l'affirmation de l'unité. On dira « unité dans la différence » pour ratisser le plus large possible, mais l'attachement indéfectible à l'unité envahit tous les discours.

C'est pourquoi, depuis plus d'un an, l'opposition nous joue l'extravagante « comédie des primaires » dont on ne sait encore si l'histoire la jugera comme une farce ou comme une tragi-comédie. Le cas mérite d'être étudié, car il constitue une véritable mise en scène du mensonge politique associé au pouvoir en même temps qu'un symptôme étonnant de la démocratie française actuelle.

En 1991, Jacques Chirac et Valéry Giscard d'Estaing signent solennellement un protocole qui prévoit l'organisation d'élections primaires internes à l'opposition si les élections présidentielles ont bien lieu à leur terme. Et pourtant, chacun sait que ces primaires sont une totale fiction. Tous les arguments de fait et de droit convergent et conspirent pour le confirmer. Le système politique français est, pour le moment — et sans doute pour toujours —, incompatible avec cette procédure, et toutes les raisons qui y font obstacle sont données en privé ou en voix off par les différents chefs de l'opposition eux-mêmes.

D'abord, les primaires ne sont réalisables que dans un pays où tous les partis jouent le même jeu, comme le montre l'exemple américain. Il faut ensuite définir un corps électoral, ce qui est impossible en France car ce serait supposer une stabilité de l'électorat de droite dont toute la période récente nous montre la fluidité ; les Français, en dehors de certains cercles très limités, n'aiment pas s'attacher à une tendance spécifique et nous imaginons mal notre crémier ou notre buraliste traverser la place du village pour s'afficher ouvertement dans l'opposition en se déplaçant le jour de cet hypothétique scrutin. Les primaires supposent un débat public, des joutes qui peuvent être violentes, et on comprend difficilement pourquoi et comment l'opposition afficherait ainsi ses divisions tandis que la majorité pratiquerait l'unité dans l'espace public. Aux États-Unis les divisions s'arrêtent dès la fin des primaires, mais elles ont affecté les deux grands partis dans des proportions voisines. Sans voir nécessairement dans cet accord sur les primaires un simple bon coup de Charles Pasqua, on doit bien constater que la plupart des hypothèses qui permettraient de définir un corps électoral donneraient une facile victoire à Jacques Chirac et au RPR. Enfin, notre système de vote à deux tours pour l'élection présidentielle est très différent du système américain à un tour, où effectivement les divisions internes et les candidatures multiples seraient suicidaires. En France, il faudrait une pléthore extraordinaire de candidats pour que le candidat de la droite soit absent du deuxième tour. C'est même impensable.

Que déduire de ce cas, un peu dérisoire auprès du sang contaminé ? En premier lieu, qu'il n'existe pas un menteur non respectueux de sa parole et un autre qui honorerait ses engagements. Dès le départ, Jacques Chirac et Valéry Giscard d'Estaing savent très bien que cet accord n'ira pas à son terme. (Certes, il pourrait très bien n'y avoir qu'un seul candidat de l'opposition républicaine, mais ce serait faute de combattants ou à la suite de sondages catastrophiques pour l'un d'entre eux.) Ils ont donc en tête stratégie et tactique. A défaut d'avoir prise l'un sur l'autre, il s'agit de se tenir face à l'opinion, de se lier pour montrer qui sera fauteur de rupture ou pour exhiber sa bonne volonté unitaire. *Je te tiens par la barbichette...*

Sans faire l'exégèse des intentions cachées de l'un ou de l'autre, ce qui serait procès d'intention ou exploitation d'aveux privés, il faut retenir un élément décisif : les deux parties ont sciemment fabriqué ce leurre tout en espérant que le cours des choses cèlerait ce mensonge — élections anticipées ou désaffection de l'autre. Un point ne fait aucun doute : chacun a la certitude, depuis le début, que la procédure n'ira pas à son terme.

Nous avons donc là un bel exemple du leurre dans la démocratie : il s'agit d'occuper le terrain médiatique, de faire accroire que l'unité est un souci commun et de montrer publiquement un accord. Après ce sera charge à chacun d'exploiter le désaccord ou la rupture, soit en montrant du doigt le parjure, soit en dénigrant celui qui, n'ayant pas respecté certaines clauses contenues dans l'accord, le rendra irréalisable.

Tel est le sort de l'activité politique. Elle cherche une efficacité qui n'a plus aucun rapport avec le bien commun ou avec les impératifs démocratiques. Ainsi les deux principales formations de l'opposition occupent-elles leur temps, le nôtre et celui des médias en activités divertissantes. Chacun des chefs fera donner ses seconds ou autres personnalités subalternes pour lancer quelque pique contre l'autre, tandis que les deux chefs entre eux n'auront que mots attendrissants l'un pour l'autre, en attendant le jour de la grande bataille. Là encore, il n'est pas question de mettre en cause les hommes eux-mêmes, car des mécanismes équivalents pourraient s'analyser au sein même du parti socialiste. Il s'agit d'une logique du pouvoir qui fait se substituer aux fins les stratégies puis les tactiques multiples mises au service les unes des autres.

Il serait vain d'exiger des politiques une quelconque transparence. Ils raisonnent comme des chefs de guerre ; on imagine mal un stratège dévoiler ses plans avant d'attaquer l'ennemi. Mais l'action politique est beaucoup plus complexe que la guerre, car les champs de bataille s'y démultiplient sans cesse. Dans nos démocraties, l'action politique fait penser à la flèche de Zénon, ce philosophe qui voulait montrer que le mouvement est impossible : pour atteindre son but, la flèche doit d'abord parcourir la moitié du chemin, mais avant cela elle doit parcourir la moitié de cette moitié et ainsi de suite, ce qui fait une infinité de segments dont elle ne vient jamais à bout. Ainsi en est-il de l'action politique : elle se fixe un but, mais pour y parvenir il faut une autre action qui elle-même suppose une multitude d'actions, et ainsi de suite. Au bout du compte, il est vrai que la flèche touche un but, mais la finalité est perdue de vue et le temps se passe en actions secondaires, toutes censées être subordonnées à la fin toujours plus éloignée de la petite action en cours. Et les leurres deviennent les véritables fins dans lesquelles s'épuise l'énergie de militants abusés et s'exténue l'intelligence de citoyens à distance.

Il faut ajouter à cela, pour bien la distinguer de la guerre, que l'action politique est, de plus, en grande partie subordonnée à la communication. Les détours médiatiques multiplient infiniment ce que les actions pourraient parvenir à intégrer. Il nous reste le spectacle d'actions incohérentes dont nous ne comprenons pas tout, et de discours divers qui s'adressent tantôt à la majorité, tantôt aux alliés, tantôt à l'opinion, à travers le prisme de médias qu'on ne parvient pas toujours à contrôler avec la précision suffisante : d'où les rectificatifs, les bémols, les informations qui obscurcissent de plus en plus actions et propos. Démentis et mensonges sont deux faces d'un même processus.

J'insiste sur l'exemple des primaires, quelque ténus qu'en soient les enjeux, car on y retrouve une difficulté de la démocratie : le temps de nos hommes politiques est accaparé par le souci du pouvoir. La hiérarchie de leurs priorités n'a plus rien à voir avec celles qui correspondent aux besoins des citoyens. La démocratie peut être inquiète de telles distractions ; elles donnent lieu à des grand-messes, naissances à des comités *ad hoc* et prétexte à des marquages dérisoires : tout pas de deux, à l'écart du processus convenu, induit de sourcilleux rappels à l'ordre.

Très tôt dans leur carrière, les hommes de pouvoir se sont coupés de tout. Ils ne sont plus entourés que d'amis devenus relations, d'enfants qu'ils regrettent de ne pas voir assez souvent et d'électeurs qu'ils visitent rituellement. La politique devient une vie autonome, microcosmique, bien avant qu'on puisse en faire un métier. Elle élimine les citoyens qui s'y intéresseraient volontiers mais qui refusent les sacrifices des vrais professionnels. L'homme politique ne sait plus comment vit le peuple. Il parle et légifère sur la télévision mais ne la regarde pas ; il ignore ce que sont des soirées à domicile, il a oublié l'anonymat du quidam et ses soucis quotidiens. Lorsqu'un ministre décide de prendre le métro ou d'aller faire un tour en banlieue, il lui faut une cohorte de journalistes et l'assurance de passer au journal de vingt heures. Cela se prépare sérieusement. Leurres et mensonges tuent toute spontanéité. La vie devient abstraite dans le sacerdoce du pouvoir. C'est pourquoi l'homme politique, surtout dans la démocratie, attend d'être un jour payé en retour de ses multiples sacrifices.

Le retour s'appelle un revenu, qui peut prendre bien des formes. Autrefois, on se contentait des insignes du pouvoir, des honneurs et de quelques symboles domestiques. Notre époque en a vécu le monnayage, qui est la pire conjugaison du pouvoir et du mensonge. Au carré — quand le mensonge et le pouvoir portent sur le mensonge, le pouvoir et l'argent — cela donne une loi d'amnistie. Dans le produit de ces deux négations de la démocratie, le solde n'est pas positif.

L'effacement du mensonge : amnistie de la corruption

La fameuse loi d'amnistie aura largement contribué à discréditer la sphère politique, notamment en ce qu'elle a permis d'arrêter toute procédure contre Christian Nucci, dont les détournements supposés dépassaient plusieurs dizaines de millions de francs. Elle a laissé dans l'opinion une marque terrible qui reste attachée au gouvernement socialiste, même si, en commission, l'opposition semblait favorable à ses dispositions essentielles. La gauche paraît aujourd'hui la regretter, non pas pour ce qu'elle est mais pour son impact négatif dans l'opinion. Ce qui compte, c'est encore l'image ; c'est elle qui détermine tous les actes. On ne se demande plus si une mesure, une loi ou un acte est juste : on se demande s'ils sont justifiables. L'opposition actuelle ne réagit pas autrement lorsqu'elle analyse ses erreurs concernant l'impôt sur les grandes fortunes (IGF) : la suppression de l'IGF, dès 1986, a eu un mauvais impact. On annonce donc qu'il n'en est plus question en cas de nouvelle cohabitation. Là encore, ce qui détermine l'action, c'est la communication et rien d'autre.

Mais revenons à l'amnistie elle-même. On l'a souvent

rappelé : elle ne concerne pas les députés, qui ne se sont donc pas blanchis ni auto-amnistiés. Cette précaution s'avéra inutile : la loi a été reçue pour ce qu'elle est, comme une amnistie unilatérale qui a permis aux politiques d'éviter les foudres de la justice. On prétend qu'il s'agissait d'harmoniser le droit avec la nouvelle loi sur le financement des partis politiques. Après diverses manœuvres visant à faire passer l'amnistie comme un texte anodin sous forme d'amendement discrètement voté, la loi est apparue ouvertement comme l'effacement de mille mensonges, argumenté à la manière du mensonge.

La loi le reconnaît elle-même : les hommes qui sont élus par les citoyens, qui sont garants de la loi et du droit, ont pour la plupart engendré tout un système de fausses facturations qu'il convient d'oublier. Le sort n'est pas le même pour les entreprises et leurs dirigeants qui peuvent toujours être poursuivis pour de fausses factures. Autrement dit, seuls dans l'État français, les politiques ont eu le droit, sans scrupules, de transgresser la loi en toute impunité pour faire croître dans des proportions invraisemblables leurs dépenses de communication et de fonctionnement, pour investir dans les images et les leurres.

Pourtant il n'y a pas de symétrie entre le corrupteur et le corrompu. Il faut se défaire de l'approche politique pour suggérer une analyse morale de la corruption. Malheureusement, ces dernières années, l'émotion provoquée par les affaires ou la corruption a toujours été de nature exclusivement politique : l'illégalité importait plus que l'immoralité ; une affaire n'apparaît dans l'espace public que si elle permet d'y impliquer un élu ou un personnage de la scène politique.

Les termes de *corruption active* et de *corruption passive* demeurent dans l'ordre juridique. Bien sûr la corruption n'est pas tout entière attachée à la démocratie. On a toujours essayé d'acheter du pouvoir avec de l'argent, pour gagner un marché ou obtenir un passe-droit. A la limite on pourrait même dire qu'il est dans la logique des choses qu'un homme soit prêt à dépenser cinq francs pour en gagner mille, pour son intérêt propre ou pour celui de son entreprise. Mais le corrupteur n'existe pas sans le corrompu ; c'est avant tout le corrompu qui engendre le corrupteur. Celui qui a les moyens d'acheter un pouvoir sait que c'est impossible avec certains hommes ; mais celui qui a les moyens de vendre un pouvoir trouvera toujours preneur : si ce n'est pas cet homme-ci, ce sera un autre.

Sans revenir sur les méfaits conjoncturels de la loi Royer, nous constatons que ce sont surtout les lois de décentralisation qui ont permis l'épidémie de la corruption : en dispersant les pouvoirs, en les démultipliant, on a permis la diversification des monnayages. Des politiques ont vendu leur seul bien, ce qu'ils avaient à vendre en propre, sous leur enseigne, c'est-à-dire du pouvoir. L'amnistie a évité que l'ensemble des pouvoirs monnayables ne soient mis sur la table. Or, dans les affaires de corruption et les détournements, qu'ils soient à fins personnelles ou partisanes, nous assistons au même processus : la banalisation du mensonge. Le corrompu est un homme moralement pire que le corrupteur car il met en jeu des vices infiniment plus dangereux. Le corrupteur est face à un marché ; le corrompu développe le chantage, la paresse et le mensonge, comme l'a bien montré Alain Cotta. Il est plus facile de gagner de l'argent sans travailler que de militer pour accroître son nombre d'adhérents cotisants.

Il est très hypocrite de distinguer généralement entre un financement partisan et un financement personnel. D'abord la distinction repose sur un véritable sophisme : c'est en fait une loi contre l'épargne, puisque l'enrichissement personnel consiste dans l'acte d'accumuler de l'argent de façon si visible qu'on se retrouve plus riche qu'avant. A condition de n'être pas un petit écureuil soucieux des lendemains — toujours aléatoires selon les élus du peuple —, à condition de flamber l'argent au jeu, de le dépenser pour des nuits folles, on ferme les yeux sur les détournements d'argent public ! Autrement dit, pour les amis du plus haut pouvoir qui, sans être sûrs du surlendemain, le sont au moins du lendemain, on efface tout et, probablement, on recommence...

Admettons même que l'argent détourné ait été politiquement recyclé. Le jeu politique dans notre démocratie ramène la plupart du temps le forfait à l'intérêt personnel. Financer sa propre campagne électorale relève rarement d'un altruisme authentique et l'abbé Pierre ne figure pas sur les listes des bénéficiaires. Les mécanismes internes des partis politiques expliquent en grande partie les besoins financiers des hommes politiques pressés. Quand la vente occulte d'un pouvoir permet à un militant politique d'acheter des mandats pour conforter sa tendance à l'intérieur d'un parti ou accroître le nombre de votants de son bord afin d'être désigné par son parti, il est clair que la limite est franchie. On a beau jeu de montrer Marseille du doigt quand c'est une pratique courante dans la plupart des partis démocratiques : le poids des fédérations à l'intérieur du parti socialiste, le poids des sections à l'intérieur des fédérations, le poids des tendances à l'intérieur des sections s'évaluent en nombre de mandats qui eux-mêmes dépendent des timbres achetés tout au long de l'année. L'intention peut être dite *démocratique* puisqu'elle permet la pluralité des expressions ; mais en aucun cas l'expression d'une base n'est prise en compte. La qualité « démocratique » des partis qui tolèrent les tendances n'est jamais dans l'expression des militants, elle réside au mieux dans un processus de contrôle : une bureaucratie dirigeante est mise sous la surveillance de plusieurs autres bureaucraties qu'on appelle tendances.

Le jour des votes essentiels, il y a toujours plus de présents que les jours de débats. On découvre des têtes nouvelles jamais vues, voire quelquefois les salariés d'un des militants qui dirige une petite entreprise et qui les mobilise le jour J. Lors d'un congrès, les votes de la base déterminent le renouvellement des instances dirigeantes à chaque niveau du parti ; c'est donc le pouvoir qui se joue partout. Comme le pouvoir s'achète, la direction nationale aurait mauvaise grâce à faire grise mine quand on renfloue ses caisses !

Bizarrement, plus le fonctionnement d'un parti s'affirme comme démocratique, plus il engendre ces pratiques. L'analogie n'est pas sans effet : on ne saurait imputer à la démocratie ce frauduleux mensonge, mais au défaut de règle et de vigilance. Sans doute ne peut-on pas lui préférer le centralisme démocratique, tout aussi mensonger dans sa dénomination, ni les pratiques autocratiques existant dans d'autres partis qui n'hésitent pas à revendiquer le prétendu vote des militants. Mais il reste que si la démocratie est en permanence menacée par le mensonge, c'est d'abord parce qu'elle prétend satisfaire à son propre concept. Dans les régimes autoritaires et dictatoriaux règne souvent la corruption, mais le cycle en est court : on achète un pouvoir avec de l'argent pour en gagner plus ; le corrompu s'enrichit de son pouvoir tandis que le corrupteur investit. Dans la démocratie, le cycle est identique du côté du corrupteur mais plus complexe du côté du politique corrompu, car les jeux de l'argent et du pouvoir engendrent une sorte d'escalier qui mène à la gloire. En effet, le pouvoir vendu est un pouvoir qui vient du peuple ; l'argent de la vente va permettre d'obtenir encore mieux du peuple, c'est-à-dire un autre pouvoir plus important, qui se vendra encore mieux, et ainsi de suite. Bien sûr, il ne s'agit pas de jeter tous les hommes dans le même opprobre, mais les mécanismes sont terribles et les premiers pas vers la corruption se font dans les structures de base. Je crois qu'il existe une certaine continuité entre l'achat des mandats pour les grandes occasions, dès la plus petite section d'un parti, et les pratiques de corruption conçues à grande échelle.

Il faut ajouter que ces pratiques élémentaires étaient et sont encore soutenues, à gauche, par un discours idéologique propre à lever les scrupules des plus angéliques : l'argent est pris au grand capital et il s'agit de lutter à armes égales contre ses valets, les partis de droite. Comme dans l'affaire du sang contaminé, nous vivons pleinement la dégradation pathologique du sens de l'État. Inévitable dans la démocratie, souvent engendré par elle, le mensonge doit être encadré, surveillé aux abords de l'État, sous peine d'envahir l'ensemble de la conscience et de la parole politique avant que de contaminer le peuple.

L'amnistie semble étendre le champ d'une certaine « immunité parlementaire », laquelle est juridiquement définie même si elle est le plus souvent incompréhensible. On l'a vu récemment à l'étranger, quand la petite-fille de Mussolini, femme député italienne, a été convaincue, en même temps que deux cents étudiants, d'avoir acheté son diplôme d'histoire : on comprend mal que son statut d'élue du peuple ait pu la protéger plus que les autres malfaiteurs. Comment admettre la coexistence des socialistes avec un Jean-Michel Boucheron, même non-inscrit et déjà passé aux aveux ? Quand Michel Garretta revient de Boston, l'élu socialiste fuit en Argentine. Le sentiment se répand que la loi n'est pas égale pour tous, ce qui est le contraire de l'essence même de la démocratie. Or, dans tous les phénomènes que nous analysons, c'est un fait qui apparaît objectivement. Toutes les arguties n'y peuvent rien : la démocratie se contredit lorsque, pouvoir du peuple dans son concept idéal, elle privilégie ceux-là mêmes que le peuple a désignés pour le représenter.

S'agit-il d'antiparlementarisme primaire, comme il existait un antisoviétisme primaire ? On serait porté à le croire, tant la mise en cause des politiques révolte ceux-ci, qui crient alors au pétainisme et au fascisme. Il est démocratique qu'ils soient sous surveillance : on ne doit pas exiger d'eux moins mais plus que des autres citoyens. Mais il est dangereux que s'efface à leur endroit la présomption d'innocence, le moindre ragot devenant alors accusation. C'est pourquoi la loi d'amnistie, en créant des discriminations entre des élus amnistiés et des dirigeants d'entreprises poursuivis, produit une succession de mensonges insupportables. S'agit-il d'antisocialisme viscéral ? Depuis douze ans, des socialistes dirigent la France. L'exercice du pouvoir les met souvent sur la sellette, mais le problème n'est pas différent dans les autres partis : quand ils occupent des pouvoirs locaux, les reproches ne sont pas très différents. C'est donc toute notre démocratie qui est en cause, dans l'exercice effectif du pouvoir comme dans l'exercice virtuel de l'opposition.

Dès lors, comment s'étonner que ces mensonges en cascade troublent des juges qui n'hésitent pas à poursuivre leurs investigations ? Je tiens qu'ils font œuvre de démocrates et qu'ils sont nos remparts provisoires contre toutes les dérélictions qui nous menacent : ils ont pris la loi au mot en jouant sur les trafics d'influence, toujours répréhensibles. L'affaire Emmanuelli prend parfois un tour très curieux. Le président de l'Assemblée nationale ne supporte pas d'être inculpé, d'où les manœuvres qui ont présidé à l'annonce, probablement manipulée, de l'inculpation pour accuser un juge rennais de n'avoir pas respecté le secret de l'instruction : selon *Le Monde*, l'annonce de l'inculpation a été orchestrée par les socialistes eux-mêmes, la veille de leur congrès, pour dénoncer la politisation d'une certaine justice. C'est là un usage bien cynique des circuits de pouvoir qui vont d'un juge au parquet, puis au partis en passant par la chancellerie.

Nous avons en mémoire un renversement des rôles. C'est en effet le même homme, Henri Emmanuelli, qui, en 1984, n'avait pas hésité à attaquer publiquement, en pleine Assemblée nationale, le premier groupe industriel français, l'entreprise publique Elf Aquitaine, pour l'affaire des « avions renifleurs ». Mais il eut en face de lui un véritable homme d'État, Pierre Guillaumat, qui avait été ministre des Armées du général de Gaulle et fut le fondateur et président d'Elf Aquitaine. Pierre Guillaumat eut alors une attitude admirable qui aujourd'hui fait rêver : il fit publier un communiqué où il revendiquait le fait d'être le seul responsable de ce qui pourrait être reproché au groupe industriel ; il en était le chef, aucun de ses subordonnés ne devait être inquiété hors lui-même. On pouvait difficilement le prendre pour cible — même Pierre Péan, le journaliste qui avait minutieusement suivi l'affaire, ne cachait pas son admiration pour Pierre Guillaumat —, mais la manœuvre visait en fait des politiques qui avaient servi d'intermédiaires dans cette affaire, tel Valéry Giscard d'Estaing. On recherchait ce qu'on appelle au billard un effet de bande. Retenons-en une leçon, comme de la Haute Cour ou de l'affaire Léotard : la politique doit être respectée dans la démocratie, mais c'est impossible si les hommes politiques ne se respectent pas entre eux.

L'urgence n'est pas aujourd'hui de condamner pour l'exemple. Il s'agit avant tout de tirer les leçons de l'expérience et de bien identifier ce qui menace notre démocratie. Or il me semble qu'elle est devenue incapable d'autocritique. Elle ne s'interroge plus sur sa propre essence mais sur son image. Elle regrette de mauvais effets, mais pas de mauvaises causes. Elle s'est habituée au mensonge comme à la condition indéterminée de ses actes, sans distinguer ce qui relève du nécessaire et ce qui la renvoie au pire. Elle papillonne dans ses leurres.

Personne ne niera qu'un homme politique responsable ait à mentir dans le juste exercice de ses fonctions : dans la négociation internationale, dans la période qui précède une dévaluation, il est des moments où la situation elle-même serait affectée par un souci déplacé de transparence. L'intérêt de l'État est un critère suffisant qui se fonde sur l'intérêt du peuple en ces occasions.

D'autres mensonges sont apparus qui semblent plus grossiers, voire plus contestables, mais ils ne mettent pas en danger la démocratie et relèvent davantage de la maladresse politique — ce qu'on appelle aujourd'hui la « mauvaise gestion d'une affaire ». Par exemple, l'affaire du *Rainbow Warrior* ou celle des Irlandais de Vincennes sont d'une nature très différente. Certes, on y voit de multiples mensonges, mais ils ont une certaine banalité : l'espionnage, la raison d'État, les actes des services secrets sont transversaux à tous les régimes et dépendent largement des rapports entre États ou des relations internationales. Edwy Plenel a certainement raison d'insister sur le décryptage minutieux de ces affaires, car il ne laisse pas d'inquiéter sur la psychologie des politiques en d'autres occasions. Mais ce sont simplement des affaires qui n'auraient pas dû arriver sur la place publique et qui sont nées d'une accumulation d'indiscrétions et de maladresses. Les croisades de vertu contre de tels actes permettent de mesurer le cynisme des gouvernements face à leurs responsabilités, mais elles ne concernent pas la démocratie en elle-même. Aucun État ne pourra jamais se passer de diplomatie ni d'espionnage : le mensonge y est une vertu première, fonctionnelle, ce n'est pas un enjeu fondamental pour la démocratie.

Il ne suffit plus de s'attrister de la dépolitisation supposée, de la méfiance vis-à-vis de la classe politique ou de citoyens désabusés. A regarder la réalité en face sans serrer les rangs pour défendre une classe, nous constatons que la démocratie est d'un usage et d'un exercice difficiles, et qu'il faut en retrouver le sens, par l'analyse et dans l'action. La démocratie a ses démons, signalés depuis des siècles. Ils n'ont rien de surprenant, mais aujourd'hui nous risquons de les oublier si nous ne pensons plus qu'en termes d'image et de communication. En ce sens, il est bon d'analyser les affaires et de s'interroger ouvertement sur cette question : comment cela est-il possible ? De réponses précises nous tirerons les meilleurs enseignements pour l'avenir, tandis que les accusations et les dénonciations polémiques ne feront que régler des comptes avec le passé. Il s'agit moins de punir des hommes que de guérir la démocratie. Le lynchage est une mauvaise méthode ; aiguillonné par l'un ou l'autre camp, le peuple devenu foule s'y est toujours déshonoré, quelque atténuantes qu'en fussent les circonstances.

L'accoutumance aux leurres : les programmes

Le grand moment du leurre, c'est l'élaboration d'une plate-forme ou d'un programme électoraux.

Soit une anecdote récente. Lors d'un déjeuner dont le statut n'était ni privé ni public, un hôte interroge un chef de l'actuelle opposition : « Ne jugez-vous pas déraisonnable que l'opposition engage la bataille électorale en faisant dire par ses principaux dirigeants qu'elle réduira le chômage, alors même qu'elle critique férocement les engagements non tenus des socialistes ? » L'homme politique, fort de sa longue expérience du pouvoir, eut le mérite de répondre sans fard : « *Vous savez*, tout ceci n'a pas beaucoup d'importance ! C'est vrai, nous disons cela ; mais, *vous le savez bien*, nous ne pouvons quand même pas nous taire sur le chômage, c'est un problème que les Français jugent important ; et puis, *vous le savez bien*, quand nous tenons ce discours, *nous savons, comme vous*, que personne ne nous croit ; on nous reprocherait d'être silencieux sur ce thème de société ; alors, il faut bien dire quelque chose ; tout ceci n'est pas bien grave. »

Nous savons de toute façon que personne ne nous croit.

Est-ce si évident ? Dans son intervention, cet homme multiplie les affirmations d'un *savoir commun* pour dire cette certitude partagée. Et si c'était le cas, ne faudrait-il pas trembler de tels propos ? On peut les interpréter comme une réflexion fataliste et sceptique. Après tout, c'est reconnaître la vanité des programmes et ne se faire aucune illusion sur la confiance des citoyens. La lucidité conduit souvent au pessimisme.

Et pourtant, les sondages réguliers qui portent sur les hommes politiques sont presque toujours formulés en termes de « confiance ». Ils font tous apparaître depuis plusieurs années des tendances identiques : les Français ne sont pas de mauvais citoyens, versatiles ou écœurés par le discours politique. Il en est de la politique comme de la télévision, les princes de l'État et de l'audiovisuel aiment à prendre les citoyens pour moins intelligents qu'ils ne sont : effet de distance et de superbe !

Or tous les Premiers ministres de ces dernières années ont joui d'une belle cote de confiance à l'occasion de leur nomination, puis la confiance est devenue défiance au fil des mois et des années. La signification de cet état de fait est claire : les citoyens de la démocratie ne rejettent pas globalement la politique ; ils aiment faire confiance ; ils voudraient pouvoir garder cette confiance. Chaque fois ils acceptent de faire crédit, mais chaque fois ils sont déçus par les faits et les pratiques. On peut y lire de l'espoir et peut-être la part du rêve ; non qu'il y ait des programmes rêvés, mais les citoyens qui ont l'esprit démocratique rêvent d'aimer les hommes qu'ils élisent pour les gouverner. En démocratie, les hommes n'aiment rien tant que de pratiquer les exercices d'admiration.

Veillons donc à ne point entonner l'air sinistre de la dépolitisation : sous des mines contrites, on prépare des arguments scabreux. « Dépolitisation » est le mot qu'on emploie quand on veut justifier un discrédit de la démocratie en partant non de l'exercice du pouvoir, mais du peuple devenu apathique. C'est un danger de la démocratie, bien souligné par Tocqueville, mais ce n'est pas son destin.

Il serait faux d'affirmer brutalement que le pouvoir use toujours ; seul le décalage entre le discours et la réalité, entre les programmes et les actes, comme entre les promesses et les réalisations, fait perdre confiance. Cela s'appelle de la déception, de la désillusion, mais les citoyens ne sont pas désabusés. Leur offre-t-on un débat politique qui semble de bonne tenue, original et singulier par la distribution des rôles, les Français retournent voter massivement, même si les textes du traité de Maastricht sont ardus et complexes. Durant toute la campagne, éditeurs et journalistes ont été décontenancés par l'intérêt populaire pour l'avenir politique de la France. Rien n'est plus faux que d'affirmer l'indifférence du peuple et le dégoût général pour la chose politique. Nous avons en France des hommes politiques de qualité, mais leur intelligence des faits et des hommes s'étiole au contact de la communication et des images constellées dans l'espace public.

Notre pays voudrait que cessent les leurres. Il a beau les constater, chaque fois il fait confiance. Et pourtant, tous les programmes sont des leurres. Il est étonnant que les raisons en soient si claires et leur répétition si flagrante.

D'abord, pour les grandes occasions — présidentielles ou législatives —, les politiques négligent d'indiquer le cadre des conditions dans lesquelles pourront s'organiser leurs actions. Ainsi en est-il des fameuses cent dix propositions de François Mitterrand, ainsi en sera-t-il probablement pour les programmes à venir. Toutes les campagnes électorales se déroulent comme si le vainqueur, au bout du compte, allait gagner avec cent pour cent des suffrages : personne ne semble jamais douter de l'application. Or chacun sait, dans la sphère politique, que, avec quelques unités au-delà des cinquante pour cent, il est impossible d'agir comme si toute la nation était derrière soi. Il est même essentiel au fonctionnement de la démocratie que la minorité soit prise en compte ; elle l'est de fait, soit directement, soit par l'intermédiaire des corporations qui résistent au changement ; mais on le tait prudemment. De plus, voter pour François Mitterrand en 1981, c'était au mieux voter en approuvant une certaine quantité de ses propositions, mais certainement pas toutes, et au pire voter contre Giscard sans approuver un contenu précis. Ainsi une bonne partie du programme est-elle d'emblée minoritaire dans le pays, sans qu'on sache trop laquelle. Jamais les politiques n'indiquent clairement leurs priorités, ni surtout la différence entre le souhaitable et le possible. Tous les engagements en deviennent flous et les programmes, avec le temps, apparaissent comme des leurres qui ont orienté des suffrages. En évitant ces précisions, les politiques peuvent ratisser large : le candidat Mitterrand avait promis la création d'un département basque dont il ne s'est plus guère soucié par la suite, si tant est qu'il en ait jamais eu la moindre intention. La loi supprimant la peine de mort et celle sur le prix unique du livre ont été au contraire considérées comme des mesures d'urgence sans que ces priorités eussent été indiquées au pays. Enfin, de nombreuses propositions ou dispositions ne sont pas applicables, soit en pleine conscience, soit en fonction des modalités politiques ou administratives de fonctionnement propres à notre pays. En effet, la plupart des propositions inscrites dans les programmes ne tiennent aucun compte des lenteurs administratives, des obstacles constitutionnels ou juridiques, que l'on feint de découvrir au dernier moment. Là encore, une fois au pouvoir, le parti qui a gagné les élections ne respecte plus qu'un ordre microcosmique. La hiérarchie des priorités n'a aucun rapport avec celle des urgences : il s'agit avant tout de résoudre les problèmes internes du mouvement au pouvoir, de remplir des missions symboliques ou de marquer immédiatement sa différence par rapport au pouvoir vaincu. C'est pourquoi l'alternance s'accompagne toujours de gadgets divers qui sont autant de leurres pour l'opinion.

Enfin il existe une catégorie de promesses qui ne sont pas tenables : ce sont celles qui concernent l'étendue du pouvoir que l'on veut conquérir. En démocratie il est des promesses respectées, mais un peuple réaliste peut faire une croix, dès leur rédaction et leur formulation, sur celles qui évoquent une limitation des pouvoirs. Les douze années que nous venons de vivre font aisément comprendre pourquoi les propositions numérotées de 49 à 51 étaient enterrées dès le 10 mai 1981 au soir. Elles concernaient avec précision trois points cruciaux : la moralisation de la vie publique (49), la poursuite effective des hommes politiques qui seraient compromis dans des affaires (50), et l'indépendance du pouvoir judiciaire par rapport au pouvoir politique (51). Ces omissions ne sont pas des lapsus. Il y a fort à parier qu'une réelle réforme du Conseil supérieur de la magistrature sera léguée aux successeurs. Après avoir usé et abusé d'une justice sous dépendance, il sera adroit de laisser un bon souvenir.

Nous pouvons remarquer, à ce point de notre analyse, que tout mensonge politique commence dans l'opposition, c'est-à-dire dans les démarches qui préparent, de près ou de loin, l'accession au pouvoir. Quels que soient la proximité ou l'éloignement de ce moment tant attendu — c'est-à-dire depuis l'instant même où l'on a quitté le pouvoir —, la plupart des décisions ou orientations ne sont pas conçues en fonction du peuple souverain mais des rivalités propres aux organisations. Pour preuve, il est bon de se souvenir, non sans quelque sourire, de la période des grands débats internes au parti socialiste au début des années 70. Après les assises du socialisme (1974), qui avaient vu le ralliement au parti socialiste de mouvements divers — dirigeants du PSU comme Rocard, dirigeants de la CFDT, puis Jacques Delors qui sortait du cabinet de Chaban-Delmas —, il importait de créer des lignes de démarcation. Le plus absurde triomphait : on l'appelait le clivage des *cent jours*. La réflexion interne était tellement obnubilée par le rapport de force entre les tendances qu'il se forma deux clans opposés. Certes, l'unanimité se faisait sur une thèse aujourd'hui dérisoire : la rupture avec le capitalisme. Mais, non contents de cette décision courageuse, les adversaires s'acharnaient sur cette limite des cent jours : ou la rupture avec le capitalisme serait consommée dans les cent jours, ou il faudrait un peu plus de temps. En soutenant qu'il fallait peut-être deux cents jours ou peut-être cent cinquante et, en forçant un peu les choses, cent dix, vous étiez irrémédiablement classé dans le camp des réformistes, c'est-à-dire à la droite du parti socialiste.

Vingt ans plus tard, ce débat peut déclencher l'hilarité tant il passe en bêtise et en outrecuidance les pires moments du Club de l'intelligence où Flaubert tourne en ridicule certains débats politiques. Pourtant chacun était sérieux et sans doute sincère : pour les congrès, il fallait se situer par rapport à cette conviction des cent jours. On pourrait se contenter d'en déplorer le ridicule. Chaque socialiste aujourd'hui sait en prendre la mesure. Mais le problème n'est pas là ; il est de s'arrêter un jour, de cesser de mentir au peuple sur des enjeux fictifs, voire peut-être à soi-même.

La comédie des primaires n'est pas d'une autre nature. Nous y retrouvons le problème du pouvoir, près de vingt ans plus tard, aggravé par l'explosion de la communication, plus discrète dans les années 70. Pendant des mois et des années, on distrait les militants avec des questions qui ne seront jamais abordées ; pendant des mois et des années, le souci du pouvoir devient l'unique occupation des partis avides de le retrouver.

Chacun sent bien que l'élaboration d'un programme est un exercice périlleux : le parti socialiste fait le sien en cachette, malgré lui, et à droite on mise davantage sur la défaite des socialistes que sur la séduction d'un programme. Aujourd'hui, les chefs politiques s'en passeraient bien volontiers si la presse et les divers médias ne les y poussaient. Étant bien plus à l'aise dans la critique de tous les actes socialistes, ils voudraient n'occuper la scène que dans l'accusation et le dénigrement. Quelques idées générales suffiraient : le marché, le libéralisme, les privatisations. Tant qu'on reste loin des soucis majeurs des Français, la parole est abondante. Dans le vide théorique qui est actuellement le nôtre, le désarroi saisit à juste titre tous les responsables politiques face aux problèmes les plus cruciaux, dont ils n'ont en général jamais fait l'expérience ou dont ils n'ont pas la connaissance — qui a déjà été chômeur dans l'Assemblée ? Qui habite une banlieue déshéritée ? Qui connaît la drogue ou le sida ? Qui est hémophile ?

Le danger est grand de voir se multiplier les leurres. Quand on occupe le pouvoir par la volonté du peuple, c'est pour tenter de *répondre* aux questions qu'il pose. On aime à espérer que le nouveau pouvoir n'imaginera pas un leurre déjà mis en scène en 1981, comme cette trop fameuse commission du Bilan dont les socialistes avaient eu le génie ; ni une fausse bataille européenne ; ni une lutte sévère et démagogique contre l'immigration ; ni toutes ces mesures que le microcosme politique suscite et qui reflètent si bien sa façon de penser et d'agir.

Nos démocraties sont une curieuse conjugaison de pouvoir et d'abstraction — qui sont aujourd'hui les deux éléments constitutifs de l'homme politique tel qu'il s'est professionnalisé au fil des années. Le désir du pouvoir limite l'individu à des activités de plus en plus abstraites. Toute sa vie, ainsi construite, persévère dans son être quand le pouvoir est atteint. D'ailleurs, le désir du pouvoir masque souvent la réalité effective de celui-ci. Très ignorants des limites mêmes de toute action politique, fût-elle inspirée par un ministre, ces hommes refusent de voir que leur pouvoir est bien plus étroit qu'ils ne le pensaient avant d'accéder à leur poste. Heureusement il leur reste les médias pour satisfaire leur narcissisme. Les plus lucides voient très vite que le pouvoir obtenu n'est rien à côté du pouvoir médiatisé, que l'un s'épuise vite si l'autre ne prend le relais.

Le peuple, leurré dans la victoire, se réjouit pourtant avec la spontanéité de l'espoir. On riait à la Bastille le 10 mai 1981, sans savoir ce qui se tramait. La joie de tout un peuple légitimait le vainqueur : il n'aurait pas vraiment gagné sans cette liesse. Car l'homme politique, dans la démocratie, a le triomphe ambitieux et modeste. Il n'en jouit pas seul, il doit se sentir entouré, porté par tout un peuple d'avertisseurs naïfs, même s'il gouverne en despote. Le triomphe de Staline, ce sont les larmes et le désespoir qui entourent sa mort. L'essence même de l'action politique dans la démocratie réside dans ce subtil amalgame d'un désir insensé du pouvoir et d'une discrétion absolue qui fait croire au peuple qu'il est seul sur la photo. La forêt populaire doit cacher l'arbre du pouvoir, cet arbre dont le bois fait les sceptres.

Et même, à supposer que nous évitions tout procès d'intention, à supposer qu'un programme soit sincère mais erroné, pourquoi le pouvoir s'entête-t-il dans le mensonge ? Sur bien des points, la bataille politique l'y contraint, et la polémique est toujours mauvaise conseillère. Soit un programme rédigé en fonction d'une échéance électorale. Pourquoi les vainqueurs ne s'expliquent-ils pas sur leurs manquements aux engagements pris ? A n'en pas douter, en revenant sur certaines propositions, la gauche a eu bigrement raison — on pourrait citer la politique de sécurité, le franc fort ou l'immigration. L'exercice du pouvoir a pu lui montrer son erreur passée. Le tournant de 1983, qui a profondément marqué la politique des socialistes au pouvoir, a certainement été un choix déchirant. La politique de rigueur n'était guère inscrite dans les projets de François Mitterrand, ni anticipée par le gouvernement Mauroy. Néanmoins, jamais le gouvernement n'a voulu admettre publiquement sa volte-face. On a parlé le plus souvent de continuité, et plus audacieusement de « pause ». Jamais les politiques ne reconnaissent une erreur devant le peuple, et encore moins une faute. Tout juste arrive-t-on à reconnaître qu'une mesure n'a pas été bonne parce qu'elle a été impopulaire ou que les Français ne l'ont pas comprise — comme l'amnistie pour la gauche et la suppression de l'IGF pour la droite. Mais dans ce cas, c'est toujours le peuple qui apparaît un peu niais à force de ne pas comprendre, ce qu'on lui pardonne avec magnanimité.

Pour évaluer la sphère politique, faut-il en ces matières distinguer entre les fonctions ? Faut-il dénoncer l'« absolutisme inefficace » et le « présidentialisme à la française », comme l'écrit Jean-François Revel dans son dernier livre ? Plus terrible pour François Mitterrand — et d'autant plus terrible qu'il vise juste presque à tous les coups — que pour la Constitution, quoi qu'il en dise, Revel renverse le marxisme : ce ne sont plus les phénomènes économiques qui déterminent la superstructure, c'est le sommet de la superstructure qui détermine l'ensemble de la vie sociale, ou la laisse tomber en déshérence du fait même de son inefficacité. La thèse est séduisante mais par trop réductrice : la fonction présidentielle n'efface pas les partis, elle en renforce les pires travers. Les perversions de la démocratie s'enracinent dans l'ascension de Ransom Stoddard, mais elles s'accentuent plus ou moins avec les fonctions occupées, le tempérament des hommes et la tolérance des citoyens.

Dira-t-on simplement qu'on nous amuse avec du pain promis et des jeux immédiats ? Une telle affirmation signifierait que les hommes politiques sont tous des pervers, des retors, assoiffés de pouvoir et prêts à nous manger la laine sur le dos. Dans ces comportements il convient de ne pas discréditer les hommes, individus de qualités très diverses tous pris dans un jeu, le jeu démocratique, où l'on ne sait plus qui triche, qui ment et qui joue selon les règles ; mais les règles mêmes, non écrites et en partie imprévues, créent toutes les conditions du mensonge et du leurre. Il nous faut ici les reprendre telles qu'elles ont été exposées, mais surtout telles qu'elles se vivent aujourd'hui dans un monde qui change, un monde dangereux dont les oracles les plus pessimistes ignoraient le devenir. Dans ce monde d'images, l'homme démocratique et l'homme politique sont confrontés à de nouvelles tentations.

A travers ces quatre exemples — le sang contaminé, les élections primaires, la corruption et les programmes — aux enjeux et conséquences très inégaux, nous pouvons observer quelques constantes. Ces expériences ponctuelles manifestent médiatiquement des dangers considérables, menaçant une démocratie qui perd ses repères et ne sait plus comment distinguer le vrai et le faux, le bien et le mal. On y voit un service public désorienté qui perd sa mission et son âme, un sens de l'État qui part en quenouille, des jeux du pouvoir qui se sophistiquent et polluent notre démocratie, des soucis médiatiques de dirigeants élus, des mensonges nécessaires qui rythment les déclarations officielles, de l'argent comme monnaie d'échange des pouvoirs à conquérir, des responsables qui ne répondent plus de rien. Finalement on découvre un peuple absent qui n'est sollicité que devant les urnes. Le peuple délègue ses pouvoirs à des hommes qui l'ont déjà déserté. Les médias consentent quelquefois à lui en donner des nouvelles.

Il est certes impossible d'isoler ces phénomènes d'un

contexte théorique et pratique dans lequel le discours moral a perdu toute efficacité parce qu'il a perdu toute présence. C'est pourquoi il serait erroné et vain d'en appeler seulement à l'intérêt des politiques en leur criant casse-cou : il ne serait pas bon ni juste de les affoler en les titillant de la seule menace d'une défiance commune. Le problème n'est pas de convaincre nos politiques qu'ils courent à leur perte en continuant d'agir ainsi. Si nous nous obstinons à raisonner en fonction d'élections gagnées ou perdues, nous restons dans la sphère d'un pouvoir qui a perverti son intelligence des choses. L'enjeu est de faire que le peuple affirme ses exigences au nom d'impératifs supérieurs. Il faut aller plus loin et plus profond, car la démocratie a des prétentions morales, quels que soient les noms dont on les couvre. Plus que jamais nous savons que, si nous ne parvenons pas à solliciter les consciences, nous persévérerons dans l'illusion démocratique.

Certes, il ne s'agit pas de faire de la morale une opération partisane — du type « Combat pour les valeurs » de Philippe de Villiers —, car c'est toute la démocratie qui est en cause, c'est-à-dire tous ses acteurs. Les arguties récentes qui prétendraient fonder la démocratie sur le progrès économique ou sur le sens de l'histoire ne peuvent effacer les paroles diverses qui l'ont fondée, qu'il s'agisse de la parole grecque ou de la parole révolutionnaire. Très tôt on a pris conscience des dangers inhérents à tout système démocratique. La voix de ses contempteurs ne doit pas être moins écoutée que celle de ses plus chauds zélateurs : notre siècle nous montre que la surdité aux critiques des opposants — qui va de pair avec la seule audition des courtisans — est injuste et maladroite.

Il nous faut aujourd'hui entendre à nouveau les paroles critiques, en sachant que notre monde a changé. Je tiens qu'elles ne se démentent pas dans ces variations mais qu'au contraire leurs craintes anciennes sont ravivées par notre société d'images. Elles demandent à être interprétées par notre époque qui s'égare dans le divertissement : notre exigence est de regarder la démocratie en face.

La question du mensonge a souvent été l'objet de réflexions morales. Inscrite dans la sphère politique, elle ne se laisse plus réduire à la critique du *Prétendu droit de mentir* que fustigeait Kant en s'opposant à Benjamin Constant, mais elle garde une dimension morale, celle-là même qu'enveloppe le concept de démocratie, lequel suppose une relation de vérité entre le peuple et ses élus, entre le peuple et l'État, entre le peuple et ses ministres. En tant que tromperie, le mensonge contredit une vertu démocratique dès lors qu'il s'oppose à l'intérêt des citoyens. En tant que nécessité, c'est-à-dire en tant qu'il participe de l'essence même du politique — affectant toute démocratie effective —, il peut être implicitement admis. La politique et notre société proposent mille tentations de mensonges qui donnent à la démocratie quelque fièvre : il convient de les isoler pour mieux combattre leurs terres d'élection.

II

DES MENSONGES DANS LA DÉMOCRATIE

Les exemples particuliers invitent à une réflexion plus théorique qui permette de les penser non pas comme les perversions d'individus malins, mais comme des dangers inhérents à la démocratie. Pour une bonne part, ces dangers ne sont pas une découverte récente. Depuis que la démocratie se vit sous toutes ses formes, historiques et géographiques, depuis qu'elle est pensée dans les théories politiques, il existe un inventaire de ses travers — qui est souvent occulté tant le maître mot semble ne souffrir aucune contestation. D'ailleurs la récrimination publique ou journalistique préfère généralement jeter le discrédit sur le ou les politiques par peur de relever peu ou prou d'une veine antidémocratique, et surtout de crainte d'être accusée comme telle.

Il se produit souvent ce qu'on appelle aujourd'hui des « effets de source » : le locuteur est discrédité si ses critiques coexistent avec un parti pris pour une autre forme de gouvernement. Platon soutenait l'aristocratie, définie comme le pouvoir des meilleurs hommes — par charité bien ordonnée, ils étaient philosophes — ; Machiavel pâtit du « machiavélique », ce curieux mot-valise qui rassemble la *machi*nation et le diabo*lique* ; Montesquieu portait trop d'admiration à la monarchie parlementaire ; Tocqueville se remet difficilement de son statut de hobereau normand ; et Hayek n'a pour épigones que des *Chicago boys* frénétiquement « État-phobes ». Ainsi, au rythme des combats entre les démocrates et leurs adversaires successifs, nous avons le plus souvent négligé les critiques venues d'ailleurs en les accusant d'une mauvaise foi inéluctable. La polémique politique, qui n'est pas le meilleur aspect du discours politique, est remontée dans la théorie. Althusser accomplit ce déplacement catastrophique en définissant la philosophie comme « la lutte des classes dans la théorie ». En somme, pour parler de la démocratie et obtenir quelque effet sur les démocrates, il fallait par principe être démocrate soi-même. On ne discute pas avec les ennemis du peuple. Dès lors la démocratie se débat dans ses palinodies sans assumer des difficultés essentielles qui l'affectent tous les jours. Pour exalter ses vertus, c'était un devoir que de taire ses carences. Dans un tel climat d'intolérance, les défauts de la démocratie ne peuvent plus être rapportés qu'à des hommes et la politique en elle-même est mise en accusation.

Pourtant, la démocratie vit nécessairement des contradictions qui ne peuvent être réduites aux comportements individuels, même si les individus les portent ou en sont les acteurs. Mais tout se passe comme si leur légitimité propre obligeait à les taire collectivement, voire à mentir pour éviter que le concept même de la démocratie ne devienne l'objet d'un soupçon généralisé. L'homme politique, dans la démocratie, est à la fois un silencieux et un bavard. Et son silence est la condition même de son bavardage. Autrement dit, le silence sur le pouvoir est la condition de sa communication. Encore faut-il savoir ce qu'il lui reste à communiquer dans le cadre d'une société démocratique : s'il s'agit de projets de société, on peut douter qu'ils résistent à l'exercice du pouvoir ou que la démocratie résiste à leur mise en œuvre.

Les mensonges propres à la démocratie subissent les avatars du temps qui passe : si le pouvoir continue à se cacher, la nouvelle rhétorique a transformé les conditions anciennes de la flatterie, tandis que se sont affirmés de nouveaux jeux microcosmiques et qu'a fait irruption le démon de l'argent, autrefois tenu à distance.

Le mensonge spécifique à la démocratie

La typologie du mensonge a déjà été établie dans plusieurs ouvrages de qualité. Néanmoins, il semble utile de proposer une approche spécifique qui permette au démocrate de repérer les actes qui pourraient en relever afin d'être animé d'une suspicion légitime et clairvoyante.

Le mensonge est généralement distingué par ses objets. L'émetteur peut mentir sur lui-même, sur ses adversaires politiques ou sur l'espace qui l'environne. Ces trois objets peuvent se situer dans les trois divisions du temps (présent, passé ou avenir). Dans certains cas, des démentis sont possibles dans l'instant. Dans d'autres, seul le temps permet de juger. Dans d'autres encore, les mensonges demeurent cachés dans les plis insondables de la conscience, à jamais. Nous avons déjà neuf catégories de mensonges possibles, qu'il faut à nouveau multiplier par deux, car les mensonges politiques portent soit sur les intentions, soit sur les faits et gestes. A dix-huit catégories il semble possible d'arrêter l'analyse, sous peine d'exagérer la subtilité des distinctions.

Cette typologie peut concerner des mensonges dans des

secteurs d'activité très divers, comme la vie privée ou la publicité. Pour chaque type, des méthodes différentes peuvent être utilisés. Guy Durandin, excellent spécialiste du mensonge, distingue trois opérations : suppression, addition, déformation. Dans les deux premiers cas, l'existence des objets est en cause : on feint d'oublier ou on invente ; dans le troisième, il s'agit de travestir des faits existants. Toute typologie est nécessairement réductrice car la réalité est toujours plus ambiguë. Par exemple, le second mensonge de l'homme qui n'a pas tué Liberty Valance tient à la fois de l'omission — il ne signale pas l'intervention de Tom Doniphon — et de la déformation — Liberty Valance a bien été tué, mais pas par lui.

Mais l'essentiel est ailleurs : un mensonge s'isole difficilement d'autres mensonges qu'il entraîne en série et qui, pour certains, lui sont presque simultanés. Tel est le cas des leurres : leur efficacité vient du fait qu'ils sont un concentré de mensonges divers. Cette typologie fonctionne donc plus comme un système de repérage psychologique que comme une véritable analyse politique. Quand plusieurs mensonges sont simultanés, le risque d'être démenti peut être plus grand mais le système peut aussi gagner en perfection, car ils se corroborent les uns les autres.

Cette typologie a pour modèle le mensonge dans l'ordre de la parole : elle est aujourd'hui compliquée par le développement des nouveaux moyens de communication qui permettent des « montages », pour reprendre un terme à la fois technique et rhétorique.

Parmi les dix-huit catégories apparentes, certaines sont privilégiées dans les comportements politiques et notamment dans la démocratie : tel est le cas des mensonges portant sur les intentions. La dissimulation des siennes propres comme le procès fait aux adversaires et les fictions attribuées à l'environnement sont choses courantes, voire structurelles. Ainsi en est-il du désir de pouvoir ou de l'adaptation forcée d'un environnement économique à des projets avoués (croissance économique fictive censée assurer des rentrées budgétaires, suspicion sur les projets, déguisement des motifs et mobiles, etc.). L'opération privilégiée dans cette catégorie est l'addition, voire la transformation, lorsqu'on détecte une intention cachée dans une formule linguistique. Il est clair que le mensonge s'accroît encore lorsqu'on cumule celui qui est propre à un discours politique et ceux qui sont habituellement de mise dans la publicité ou le conseil en communication.

Certains mensonges sont plus périlleux car ils relèvent des tribunaux. Par exemple la calomnie, qui correspond à deux catégories (passé, présent) relatives aux faits et gestes de l'adversaire. Ils sont plus rares car plus décelables et plus vulnérables aux démentis et droits de réponse.

La montée de la corruption multiplie les mensonges, car l'homme politique corrompu installe le mensonge au cœur de son activité. Il ment sur tous les objets, dans le présent et dans l'avenir. Quant aux opérations elles-mêmes, les additions concernent l'adversaire et l'environnement pour le présent et l'avenir ; les suppressions et déformations s'emploient pour/dans toutes les catégories.

Une telle typologie permet de préciser la singularité du leurre. C'est un type particulier de mensonge. Il concerne l'avenir pour les programmes et le présent pour les événements spectacles. Il ment sur soi-même dans l'intention présente comme dans les faits et gestes à venir. En général il déforme l'environnement présent pour l'adapter et en faire une condition de possibilité. Les leurres réunissent donc toute une collection de mensonges. A ce titre ils sont graves, car chaque type entraîne des discours qui s'en déduisent et toute la communication politique s'installe dans le mensonge comme dans sa terre d'élection.

La rhétorique de la polémique concerne l'adversaire ; elle est impropre à la démocratie. J'avoue n'avoir jamais compris l'admiration que suscitent les « brillants polémistes » dont on savoure la plume au péril de la démocratie. Il y a loin du tribun convaincant au polémiste déchaîné : Léon Daudet et Jean-Edern Hallier cohabitent dans le même mépris des citoyens. Les polémiques sont des combats sans raison quand la démocratie suppose qu'on reconnaisse en chacun l'acteur rationnel ou, comme disait Kant, l'être raisonnable.

La démocratie est coessentielle au débat qui l'anime : chaque mensonge la trahit puisqu'il a pour but de tromper. Ne devraient être tolérés que deux types de mensonges : ceux qui sont originels et ceux qui la sauvent contre l'ennemi extérieur. On dira que le peuple aime parfois être trompé ; on le confond avec la foule, « on flatte alors l'enfant dans l'homme, craignant de l'ennuyer si on le traite en adulte » (Régis Debray).

Mais la démocratie ne se laisse pas épuiser par une typologie classique. Plus que les objets et les opérations, ce qui lui importe, c'est l'interlocuteur, celui à qui l'on ment. Il s'agit ici du peuple collectivement ou du citoyen individuellement. Le mensonge sort alors des règles privées, d'affection ou de bon voisinage. Il ne réside plus seulement dans la subjectivité de l'individu politique, il est dans la contradiction entre ce qu'il est censé devoir être, devoir dire ou devoir faire, et ce qu'il est, dit ou fait. Le mensonge est la transgression d'un devoir spécifique au politique tel que le définit la démocratie. Dès lors, les subtilités typologiques s'effacent ou se déplacent.

Si la démocratie est malade du mensonge, elle n'est pas malade de tous les mensonges. Elle est affaiblie quand le pouvoir, la rhétorique, le microcosme et l'argent font trahir les devoirs élémentaires, non dans les paroles — qui norment d'ordinaire l'ensemble des mensonges possibles —, mais dans les actes concrets. Dans la démocratie, mentir ne consiste pas à ne pas dire la vérité, c'est avant tout se mettre en contradiction avec sa responsabilité ; c'est ne pas pouvoir répondre de ses actes ; c'est insulter la démocratie elle-même.

Le pouvoir à discrétion

Le mensonge du pouvoir

Depuis ses origines la démocratie est prise dans une contradiction qu'elle doit vivre douloureusement. D'un côté, elle affirme comme son essence même le pouvoir du peuple. C'est-à-dire que, dans la nation démocratique, le Tout a pouvoir sur le Tout quelles que soient les médiations qui assurent l'exercice de ce pouvoir. En ce sens, toute démocratie est un système de délégations et de contrôles. Le principe est fort car la plupart des démocraties se garantissent, en tant que type de gouvernement, contre toute alternative. Il existe toujours, ici ou là, des modalités d'interdiction ou de répression qui empêchent le retour à un autre type de gouvernement.

Mais en même temps, la démocratie ne cesse d'appartenir à la sphère du politique. Elle ne constitue pas une rupture par rapport à cette sphère, même si elle en est souvent considérée comme l'accomplissement historique. De ce fait, elle partage avec les autres gouvernements des modalités de l'action intérieure et extérieure auxquelles elle ne peut échapper. Elle n'ignore donc pas le phénomène du pouvoir qui est consubstantiel à toute forme politique. On le traduit en disant que le peuple est absolument sujet : c'est un sujet actif — *le peuple gouverne* — et c'est un sujet assujetti — *le peuple est gouverné.*

La taille des nations et les préoccupations des individus font que la démocratie directe est un idéal archaïque, tel qu'il fut bien formulé dans l'Athènes du Ve siècle. Toute la démocratie fonctionne donc par la délégation. C'est dire que le pouvoir du peuple comme sujet actif se réduit souvent à l'abandon de son pouvoir au profit de quelques hommes du peuple qui, dans cet abandon, prennent pouvoir sur le peuple. En dehors de quelques moments exceptionnels appelés élections, le peuple n'exerce son pouvoir qu'en l'abandonnant. Dès le premier abandon un pouvoir est exercé sur le peuple avec son plein consentement. Même si nous faisons l'impasse sur les modes de scrutin plus ou moins conformes à la volonté d'expression populaire, nous constatons que la nature politique du pouvoir n'apparaît qu'après ce premier moment de la délégation. En droit, le pouvoir du peuple dans l'acte d'élection est bien encadré et déterminé par la forme politique du gouvernement, car sous d'autres formes (monarchie, oligarchie, aristocratie, tyrannie) le peuple n'aurait pas cette faculté. En fait, le moment de la délégation n'est pas exactement un moment politique, il est une démission politique volontaire, un transfert de pouvoir inévitable. En droit, l'autorité de l'élu ne lui vient que du peuple et peut être récusée à tout moment électif. Tocqueville avait des mots très vifs pour désigner ce processus pratique d'abandon : « Dans ce système, les citoyens sortent un moment de la dépendance pour indiquer leur maître, et y rentrent. [...] Ils se consolent d'être en tutelle, en songeant qu'ils ont eux-mêmes choisi leurs tuteurs. »

L'élu est naturellement investi du pouvoir pour un certain temps. Pendant tout ce temps son action est dite politique en ce sens qu'elle est différente de toute action individuelle mais porte sur une collectivité qui l'a mandaté. Le pouvoir est continu tandis que le transfert du pouvoir est intermittent. Une fois qu'il est en place, le pouvoir est politique avant d'être démocratique. Le terme de démocratie ne concerne que le processus de désignation tandis que l'essence du politique est la même quelles que soient les formes de délégation. Il faut ajouter enfin que cette formalité démocratique reste très partielle dans les démocraties. Très vite, dès la première désignation, on substitue aux processus d'élection des processus de nominations : elles concernent soit des administrations de tous niveaux, soit des responsabilités politiques non électives comme la responsabilité ministérielle.

La démocratie n'est pas un vain mot, mais elle ne concerne qu'une part très faible du politique. Elle indique une source qui fait que le pouvoir est en même temps une autorité légitime dans un cadre donné. Cependant les ingrédients qui constituent l'identité même du politique restent les mêmes quelles que soient les formes de gouvernement. La différence essentielle entre la démocratie et les autres réside non pas dans le contrôle, qui reste toujours très léger, mais dans la reconduction. Le temps du pouvoir politique est, dans les démocraties, rythmé par les sollicitations du peuple. C'est un temps qui court le risque de la discontinuité. Cet argument a souvent été avancé par les monarchistes, il n'en est pas moins vrai. L'action de l'homme politique dans la démocratie est doublement déterminée : d'un côté par les conditions générales de l'exercice du pouvoir dans toute forme d'État, et d'un autre côté par le souci de retourner devant le peuple à intervalles réguliers et souvent prévisibles. Loin de nous l'idée que cette différence est minime, mais nous sommes convaincu qu'elle n'affecte pas la nature du pouvoir politique. Tout juste oblige-t-elle l'homme politique à une double série d'actions : l'une qui est dans la logique du gouverner, l'autre qui est dans la logique de la séduction. Cette double série induit bien des comportements divers car, dès ce principe posé, tous les cas de figure sont possible : ou les séries se confondent, ou elles se contredisent, ou elles restent parallèles.

On peut ajouter à cette analyse très formaliste d'autres éléments qui, en droit, ne sont pas négligeables. En effet l'idée même de démocratie n'entraîne pas seulement des procédures. Elle correspond le plus souvent à des principes forts qui font qu'un peuple a plutôt choisi la démocratie qu'une autre forme de gouvernement. Ces principes ou valeurs ne sont pas réduits au rôle d'un premier moteur qui s'effacerait une fois les processus mis en place. Il doit bien en rester quelque chose. En droit toujours, le pouvoir politique n'est pas uniquement réglé dans la forme de sa désignation, il est aussi encadré par ces principes généraux d'égalité, de liberté qui doivent régler l'action des hommes à qui le pouvoir a été délégué. Mais la contradiction entre la forme politique du pouvoir et le contenu de ces principes est terriblement dure à vivre. C'est pourquoi en fait ils sont si souvent oubliés : la source formelle du pouvoir reste alors un vague souvenir qui confère l'autorité, mais les contenus qui la fondent sont l'objet de toutes les omissions.

Aucune forme de gouvernement ne peut échapper à la question du pouvoir, mais la démocratie reste la plus discrète, la plus gênée aux entournures. Là se situe son mensonge le plus flagrant, par action et par omission. Le pouvoir est l'objet de toutes les dénégations individuelles et collectives. En effet toute délégation se fait au « service du peuple » et chaque élu se croit obligé d'employer un lexique en trompe l'œil. Tout au plus parlera-t-on de « responsabilité », jamais de pouvoir. Les hommes politiques entretiennent une véritable dissimulation sur les mobiles qui les agitent lorsqu'ils prétendent à une fonction quelle qu'elle soit. Édouard Balladur dit le maximum de ce qui peut être dit quand il inscrit le mot « ambition » dans son *Dictionnaire de la réforme* en affirmant d'emblée que « c'est un des moteurs de l'action politique ». Encore distingue-t-il très vite entre son sens vulgaire, « le pouvoir pour le pouvoir », et son sens noble, « le désir de changer les choses ». Il fait preuve d'un bel optimisme quand il affirme que « de l'affrontement des ambitions individuelles peut sortir un bien pour la Cité » car « dans nos sociétés, une ambition individuelle doit, pour s'accomplir, s'appuyer sur un projet d'avenir, bon ou mauvais ».

Que l'ambition remue les hommes, personne ne le contestera : c'est vrai de toutes les carrières et de toutes les œuvres. Mais l'ambition politique est d'une nature spécifique : elle est avant tout désir du pouvoir, de son exercice et de sa pérennité. Or, à tous les stades des processus de désignation ou de nomination, les candidats se refusent à reconnaître ce désir. Certes son expression est directe entre les quatre murs d'un cabinet ou face au pouvoir qui nomme, mais il reste toujours absent face au peuple. On se bat pour des idées, pour le bien de la nation, pour un programme. A l'intérieur d'un parti, pour être désignés comme candidats, ou dans les élections face au suffrage populaire, les hommes ne sont plus qu'altruisme et désintéressement. On dira que c'est un secret de polichinelle, que personne n'est dupe. Sans doute. Mais la difficulté ne réside pas tant dans la déclaration que dans les pratiques qui en découlent. Le peuple est une contrainte difficile. Avec la candidature commence le discours mensonger. Dans la démocratie on pourrait espérer qu'un certain nombre d'hommes, le plus grand possible, assume des responsabilités électives. Plus le pouvoir est partagé, moins il est dangereux ; plus les citoyens sont acteurs, meilleure est leur maîtrise. Il est donc étonnant de voir à quel point le cumul des mandats est devenu une pratique courante dans notre pays : en trente ans, le cumul d'un mandat local et d'un mandat de député a plus que doublé. Aujourd'hui, quatre-vingt-seize pour cent des députés assument au moins deux mandats. Si la loi a réglementé cette pratique, elle l'a en même temps consacrée. Il y a pourtant quelque ridicule à voir le maire de Paris élu en Corrèze. Et il n'est pas d'autres explications que ce désir du pouvoir qui porte les individus comme les partis. L'argumentation repose en général sur l'efficacité des candidatures cumulées : un homme déjà connu parce que déjà élu obtient plus aisément un autre mandat. D'où l'accumulation des députés-maires ou des maires conseillers généraux, sans compter les ministres conseillers régionaux. Ainsi a-t-on vu, lors d'élections européennes, des candidats se présenter en affirmant qu'ils n'exerceraient pas les fonctions pour lesquelles ils seraient élus ! Mais qui a objectivement intérêt à ce cumul ? Chacun pouvant se trouver des amis politiques tout disposés à le remplacer, ce sont les individus et les partis : les individus parce qu'ils étendent les territoires sur lesquels ils exercent un pouvoir et qu'ils peuvent s'appuyer sur l'un pour renforcer l'autre, les partis parce que la notoriété d'un élu donne une meilleure chance. Dès le processus d'élection, nous pouvons constater à quel point l'intérêt du peuple est bafoué par l'ambition d'exercer un pouvoir. Et toute une rhétorique mensongère se met en place pour justifier cette première manifestation de l'ambition. Il faut ajouter que cette concentration excessive des responsabilités électives et des fonctions annexes — commissions locales, comités de développement, etc. — est aussi un facteur déterminant de la tentation de corruption.

Les processus de parachutage sont d'un même ordre. Être nommé donne un pouvoir, mais l'autorité en est médiatisée par celui qui nomme. C'est pourquoi les nommés souhaitent en général être investis d'une autorité plus directe, par la voie du suffrage populaire. L'on voit donc des ministres ou des hommes et femmes de cabinet débarquer dans nos régions pour y trouver l'onction attendue. Il existe bien sur place des hommes capables et leurs réactions sont parfois vives, mais le processus suit généralement son cours au nom des intérêts supérieurs du parti. Lorsqu'un individu désire un pouvoir, ou lorsqu'on désire le consacrer par le suffrage universel, il fait toujours référence à une instance très éloignée de sa propre ambition. Cette instance fait de même : l'ambition d'un parti est toujours référée aux intérêts du peuple et non à ceux qui le dirigent.

En effet, si l'affirmation d'Édouard Balladur semble correcte dans son énoncé, elle est très vite démentie par les faits et notamment par les conditions concrètes de l'action politique. Certes, le pouvoir est un moyen pour mettre en application des idées ou des convictions, mais tout dans cette intention s'y réduit progressivement. « Tout » signifie essentiellement le temps. Dès qu'un individu s'engage dans un cursus honorum démocratique, il est aussitôt accaparé par les mille petits moyens qui permettent d'accéder au pouvoir qu'il vise. L'entrée à l'Académie française suppose moins de quarante visites ; mais le gain des suffrages à l'intérieur de son propre parti exclut toute autre activité. Il ne reste plus de temps pour écouter, ni pour développer une réflexion. C'est dire que l'échelle de valeurs propre à l'homme politique est nécessairement transformée par ses allocations de temps.

Il en est de même pour un ministre. Un ministère, c'est beaucoup plus un pouvoir qu'une compétence. A la rigueur on peut l'admettre s'il le reconnaît. Mais, dès sa nomination, l'écoute vaudrait mieux que la démonstration médiatique. Hors, au nom d'alibis divers — sécurité, protocole, préséances, territoires — qui produisent de la distance, une telle attitude n'est pas dans les mœurs d'un pouvoir en exercice.

Dès que le peuple se démet d'un pouvoir en le déléguant, c'est donc précisément le désir de ce pouvoir qui anime l'homme dont on dit qu'il devient « homme politique ». Rien ne sert de contrarier l'origine de cette vocation, rien ne sert de prêcher ni de rêver à d'autres hommes. Mais le problème n'est pas mineur : plusieurs philosophes ont pris le parti d'autres régimes que le régime démocratique en pensant qu'il fallait, pour gouverner les hommes, des hommes qui n'aient plus rien à gagner dans l'exercice du pouvoir. Cette donnée première doit rester dans la mémoire de toute institution, de toute constitution : elle est au cœur même du fonctionnement de la démocratie. D'une certaine manière, c'est une évidence. Pourtant il est des évidences auxquelles on s'habitue. Non qu'on les approuve, mais l'investissement personnel dans la carrière politique est tel que les hommes sont peu nombreux à faire le choix de tels paris. Certes, il en reste encore trop, ce qui fait la concurrence politique. Heureuse et désastreuse concurrence.

Or la plupart des thuriféraires de la démocratie l'ont idéalisée, à l'écart des processus les plus élémentaires, loin des hommes concrets. Qu'il s'agisse des socialistes, des marxistes ou de certains libéraux, la démocratie a presque toujours été analysée sans intégrer le phénomène du pouvoir, auquel elle ne peut échapper puisqu'elle est une forme de gouvernement, politique par définition. Le pouvoir est l'essence du politique car c'en est la forme invariable quelles que soient les formes de gouvernement. Les contenus sont d'un autre ordre et concernent soit la fin de l'État, soit les procédures de délégation du pouvoir. Mais, qu'il soit délégué, fruit du suffrage universel ou octroyé, par héritage ou par décret, le pouvoir est l'invariant de toutes les formes du politique. A la différence des autres gouvernements, la démocratie est le seul qui pratique systématiquement la dénégation. *People are the boss*, disait naïvement la cuisinière suédoise égarée au Far West de John Ford. Sur fond de cette crédulité tous les mensonges sont possibles, puis à leur tour tous les leurres. L'apparence reste forte et c'est ainsi qu'on explique les parachutages électoraux de personnalités nommées qui ont besoin de la sanction populaire. Mais rien n'empêche un président de la République de n'en point tenir compte et de nommer à nouveau ceux qui ont échoué devant les électeurs.

Encore une fois, les citoyens qui, dans une démocratie, croient en quelques idées peuvent solliciter un mandat électif pour réaliser ces idées ou les défendre ; ils peuvent se penser les plus aptes, les plus qualifiés et se battre pour elles contre des adversaires qui y sont opposés. Tout ceci, plus que possible, est souvent effectif. Mais, toujours, c'est la logique du pouvoir qui l'emporte. Dans d'autres gouvernements, chacun peut être choisi puis démis par une autorité, dépendre du caprice d'un prince — c'est aussi le cas des nominations dans la démocratie, puisque, pour un certain nombre de postes, il y existe un véritable pouvoir de nommer. Mais dans le cas démocratique, l'exercice d'un pouvoir, objet de tous les désirs — fût-ce au nom de belles causes —, passe par la sanction populaire. De ce fait la candidature semble toujours être faite « malgré soi » ; on se présente « sous la pression des amis » ;

on estime que c'est « de son devoir » ; on y va parce qu'on pense être « le mieux placé pour défendre la cause » ou pour éviter qu'un incompétent soit à sa place ; on affirme qu'il s'agit de « servir » la cité, les citoyens, l'État, la république, etc. Par principe démocratique, l'ambition ou le désir du pouvoir sont toujours tus. Tel est le mensonge initial du politique.

Il faut dire ce mensonge *nécessaire*, inévitable. Il serait bien vain d'exhorter les hommes à plus de franchise, à l'aveu de leur brigue. La vérité du politique n'est jamais bonne à dire et certainement en démocratie moins qu'ailleurs. C'est pourquoi Machiavel est insupportable à tous les politiques : personne n'ose s'y référer. Rousseau écrivait pourtant que *le Prince* était « le grand livre des républicains ». Non qu'il dénonce les autres régimes, mais il exige que nous gardions mémoire du pouvoir et de ses affres. Ce mensonge est nécessaire donc tolérable. Le danger principal n'est pas dans ce travestissement ; il est qu'il en engendre d'autres plus graves et plus condamnables. Par exemple si l'on admet qu'un homme désire le pouvoir pour faire triompher un idéal, nous avons démontré que très vite il désire le pouvoir pour le pouvoir ; cette expression reste cependant satisfaisante. Si le pouvoir n'est désiré que pour lui-même, le mensonge est nécessaire. Mais si le pouvoir est désiré pour ce qui est en lui négociable (corruption, trafic d'influence), la limite est franchie.

Il est très injuste d'accuser les hommes politiques et de ne voir en eux que des hommes assoiffés de domination et dénués de scrupules, seulement soucieux de leur intérêt personnel. On doit au contraire reconnaître les mécanismes de pouvoir pour ce qu'ils sont ; ils ne suppriment pas tout espace de liberté mais ils définissent un espace de jeu. Si un joueur refuse les règles du jeu, il perd et doit abandonner. Un homme politique qui cesse de penser au pouvoir ira très vite s'occuper de son potager.

On ne saurait cependant s'arrêter aux désirs de l'individu sans indiquer qu'il en est de même pour toutes les organisations qui concourent à la vie démocratique, depuis les grands ensembles (partis) jusqu'aux petits sous-ensembles (tendances, ou autres structures de base). Par définition les partis sont des outils qui permettent d'accéder aux pouvoirs, mais ils sont en leur sein des enjeux de pouvoir et ainsi de suite dans toutes leurs sous-parties. Ce fonctionnement explique que tout homme politique soit obnubilé par l'ensemble des pouvoirs qu'il faut prendre pour faire une carrière. Dans chaque cas les dénégations ne seront pas moindres, mais il importe là aussi d'en tenir compte pour bien encadrer l'activité de chaque ensemble. De Gaulle ne voulait pas dire autre chose lorsqu'il fustigeait le régime des partis. Les partis se prennent aisément pour le peuple ; c'est en son nom qu'ils se disputent les pouvoirs.

Mais qu'est-ce exactement que le pouvoir, les pouvoirs ou un pouvoir ? C'est toujours un « pouvoir sur » et un « pouvoir de ». Dans tout système politique, chaque pouvoir est en même temps subordonné à un ou d'autres pouvoirs supérieurs. Mais chaque pouvoir se définit par un territoire où se trouvent des hommes. Peu ou prou, il les représente et en même temps les gouverne. Les proportions varient et les jeux sont plus ou moins complexes. En effet, on peut être l'élu d'un espace particulier mais dans la société des élus disposer d'un pouvoir collectif sur l'ensemble de l'espace.

« Gouverner, c'est mettre vos sujets hors d'état de vous nuire ou même d'y penser, ce qui s'obtient soit par la force soit en leur donnant un tel bien-être qu'ils ne puissent y songer. » Cette affirmation de Machiavel définit l'essence même de l'efficacité politique. Tous les démocrates s'en indigneront, affirmant que cette définition est

bonne pour les autocrates, dictateurs ou tyrans. Aucun homme politique élu ne peut la revendiquer ni la prononcer au risque de se perdre. Pourtant, elle s'adapte à tous ; elle concerne toute la sphère politique et en particulier le régime démocratique. La logique interne du pouvoir, c'est de persévérer dans son être. Son efficacité, c'est-à-dire le fait de produire son effet propre, consiste à en prendre les moyens. Ceux-ci sont variables.

Or il est vrai qu'en démocratie les difficultés sont plus grandes, car tous les moyens ne sont pas compatibles avec la Constitution et plus généralement le droit. Ainsi explique-t-on les entorses faites aux règles juridiques et les nombreuses affaires qui concernent le monde politique. Dans une société où l'argent prend une place grandissante et où la bataille politique devient une bataille d'images, il faut se procurer le nerf de la guerre pour demeurer au pouvoir. En effet, le moment du pouvoir est le moment le plus négociable.

La formulation de Machiavel peut sembler surannée car on ne saurait aujourd'hui parler de « sujets ». Mais en tant qu'ils sont subordonnés à un pouvoir, les citoyens sont bien sujets, comme le soulignent les définitions données par Rousseau dans son *Contrat social* : « Ils s'appellent en particulier *citoyens* comme participant à l'autorité souveraine, et *sujets*, comme soumis aux lois de l'État. »

« Hors d'état de vous nuire » signifie généralement la confiscation du pouvoir que l'on détient. Quant à l'alternative proposée, elle disparaît dans une société où le pouvoir ne se maintient plus par la force brute. Néanmoins, le suffrage universel n'évacue par les rapports de force, il les traduit de nouvelle façon. Il convient donc de garder en mémoire cette essence du politique pour prévenir la démocratie des dangers qui la menacent.

On évoque d'ordinaire l'existence de contre-pouvoirs

dont la fonction serait d'éviter les abus de pouvoir. Mais à notre époque, ces contre-pouvoirs peuvent en même temps être des outils du pouvoir. Par des jeux complexes, la justice comme les médias jouent les deux rôles. Il n'est pas certain que toutes les précautions soient prises pour que le pouvoir n'abuse pas de la position qui lui permet de se conforter. On l'a vu récemment dans un certain nombre d'affaires : la justice a été contrariée et le parquet a clairement montré sa dépendance. De plus les journalistes font souvent allégeance. Pour que les médias et la justice jouent leur rôle, il est nécessaire qu'ils se tiennent à distance, ce qui n'est pas toujours le cas, soit pour des raisons de dépendance institutionnelle, soit pour des raisons de dépendance relationnelle. Le mode de nomination des magistrats et le rôle du parquet d'un côté, la familiarité et la proximité de l'autre troublent le libre jeu des pouvoirs les uns par rapport aux autres.

Il serait inexact de parler des pouvoirs comme s'ils étaient homogènes entre eux. Dans la relation à la justice, la majorité qui gouverne dispose du vrai pouvoir ; dans la relation aux médias, une opposition peut disposer de réels atouts car elle est une majorité en puissance. A défaut de contrainte, elle peut exercer une influence — par exemple, dans notre société, par le biais de cadeaux, de voyages ou de confidences. Les promotions, déplacements, nominations déterminent le fonctionnement de la justice, soit en faisant taire les hommes, soit en retardant les processus d'instruction. Afin d'éviter que des contre-pouvoirs ne viennent limiter l'efficacité d'un pouvoir dont l'idéal est toujours d'être absolu, les pouvoirs politiques présents ou à venir ne ménagent pas leurs efforts dans un système d'échanges généralisés. Bien sûr, là aussi, la dénégation règne en maître et le mensonge est le mode de communication courant.

L'incapacité dans laquelle est la démocratie de traiter la question du pouvoir est plus ou moins flagrante suivant les nations. Elle est déjà la pierre angulaire de la plupart des théories politiques. Ainsi, au nom de contenus exaltants, maintes théories ont évacué purement et simplement le pouvoir de leurs analyses. Le marxisme représente le paradigme de cette tentation. Le pouvoir y est toujours abstrait et il n'est jamais nommé comme tel. Le marxisme parle de l'État, de la violence, de la dictature, de la lutte, de l'intérêt. Mais le système théorique dont l'esthétique a tant séduit supprime le sujet en le remplaçant par une invisible histoire qui se joue des sujets. Le désir du pouvoir n'est jamais pensé comme tel car il ne peut être subsumé sous le concept. Outre d'autres erreurs strictement théoriques, cette incapacité à penser le pouvoir désiré a certainement été un des facteurs déterminants dans les échecs répétés du socialisme réel, historiquement implanté ici et là.

Dans le système socialiste des pays de l'Est, être identifié ouvertement comme animé d'un goût du pouvoir entraînait la condamnation. On a effectivement accusé, dans de nombreux procès, des individus pour des activités antisocialistes, pour des trahisons diverses ; tous ces agents de l'impérialisme servaient en dernière instance des intérêts de classe. Mais le militant révolutionnaire ou le gouvernant communiste ont toujours été censés évoluer à mille lieues d'un pouvoir désiré. Tout commentaire sur les luttes de pouvoir à l'intérieur de tel ou tel appareil, partisan ou gouvernant, était balayé d'un revers de la main par le militant, comme résidu d'une manière bourgeoise de penser.

On mesure les réticences de la théorie politique lorsqu'un concept apparaît aussi rapidement réduit en termes d'inventaire psychologique. L'analyse politique qui explique les événements ou faits historiques à partir du désir qu'inspire le pouvoir aux individus peine à parvenir au concept. La réduction psychologique conduit en effet à affirmer le primat de l'individu, et l'histoire s'explique mal sur les bases des passions individuelles, tout contenu semblant disparaître derrière des désirs fous et incohérents. C'est pourquoi, à la lecture de Machiavel, on a le sentiment d'être devant un philosophe dépourvu de concepts : il se débat dans ses exemples et, loin d'être un théoricien, il apparaît comme un consultant tout juste propre à distiller quelques conseils pragmatiques dans un certain nombre de situations répertoriées.

Le thème hégélien de la « ruse de la raison » tentait de concilier les passions individuelles, de forme irrationnelle et subjective, et le sens de l'histoire, doté d'un contenu objectivement rationnel : les mobiles seraient désordonnés quand les résultats seraient ordonnés et toute l'histoire s'accomplirait en rusant avec les psychologies individuelles, puisque, c'est bien connu, « rien de grand ne se fait sans passion ». Toutes proportions gardées, Édouard Balladur raisonne ainsi : par une curieuse alchimie, par une étrange magie de l'espace public, le jeu des ambitions individuelles peut produire le bien public. Ces conciliations sont des actes de foi : elles constatent avec pertinence une contradiction fondamentale de tout projet politique avec l'investissement des hommes qui le portent et postulent, dans l'espérance et la foi, que la résultante des désirs rejoint la résultante des actes.

La difficulté est réelle. D'un côté on ne voit que des hommes assoiffés de pouvoir qui, au mieux de leurs circonstances atténuantes, ont des problèmes à résoudre avec leur petite enfance et probablement leur maman. De l'autre, il n'est qu'idées altruistes pour lesquelles des hommes désincarnés perdent leur vie en la consacrant au peuple dont ils veulent le salut. D'un côté, le politique est soupçonné des plus noirs desseins, susceptible de vendre père et mère pour régler des comptes avec ses refoulements divers ; de l'autre, une gent politique s'épuise en des combats douteux pour le seul triomphe d'idées indolores. Cette dichotomie se vit et se lit tous les jours. Elle correspond en général au discours des citoyens qui fustigent des hommes politiques privilégiés et cupides — ce qui conduit certains, par écœurement vertueux ou par antiparlementarisme militant, vers l'apathie et l'abstention, et d'autres, pressés d'en finir avec l'espèce politique, vers des voies antidémocratiques —, ou au discours des hommes politiques eux-mêmes qui, dans la démocratie, portent masque et disent leurs corps presque absents d'un champ de bataille où ils combattent sans cesse.

Je ne vois pas ce qui permettrait de faire ce pari d'une ruse de la raison. Je ne vois pas comment, sauf par une pétition de principe, des hommes animés par le désir du pouvoir arriveraient, de façon féerique, aux buts que le peuple peut s'assigner dans une démocratie.

En même temps, cette contradiction est presque insurmontable. Dans le microcosme tout un lexique parle bien de carrière politique, de dirigeants, de postes, de territoires. Il est un peu absurde que souvent les politiques soient dénoncés pour ce qu'ils sont et pour ce qu'ils se savent être. Il ne leur est pas besoin de s'allonger sur un divan pour s'en convaincre : la plus légère introspection y suffit. Pourrait-on solliciter leur franchise et leur demander de passer simplement aux aveux ? Ce serait contraire au marquage qui règle le comportement d'un homme politique sur ses adversaires : le premier qui dit la vérité doit être embastillé. Un tel aveu serait folie suicidaire : il est déraisonnable de penser que ce mensonge privé puisse devenir confession publique.

Les enjeux politiques du pouvoir désiré

Le citoyen pourrait se satisfaire d'un constat factuel énoncé dans une certaine simplicité : les hommes entrent en politique animés par un désir du pouvoir. Après tout, chacun a ses désirs et toutes les dénégations ne feront jamais qu'on croie le politique vraiment désintéressé. Soit. Mais le problème est de savoir ce que sont les conséquences de ce désir. Ce n'est pas au nom de celui-ci qu'un homme est élu ou nommé ; c'est au nom d'un projet, d'un programme ou de quelques idées qui sont, quelquefois par hasard, associées à ce désir de pouvoir. S'ajoutent à ces idées quelque exploit personnel comme le fait d'avoir tué Liberty Valance. Ou l'inverse. Il est bien difficile de démêler ce qui chez un homme le retient aux idées ou l'attire au pouvoir. D'une certaine manière, c'est le résultat qui compte, c'est-à-dire l'action effective qu'il mène en fonction des pouvoirs qu'il parvient à obtenir.

Il en est de même des partis qui investissent — comme on dit curieusement dans notre démocratie — le candidat. Remarquons que l'on dit « investir un candidat » et non pas « investir dans un candidat ». De plus en plus, l'investiture est du côté du parti et l'investissement du côté du candidat ! En général, à l'exception d'élections très locales, le parti donne sa caution quant aux idées du candidat, qu'il investisse pour les législatives ou qu'il soutienne pour les présidentielles.

Le problème démocratique essentiel se pose dans le devenir du candidat et des idées qui le portent. Or notre démocratie se trouve dans une étrange situation. D'un côté, un parti considère comme inadmissible qu'un élu change de camp ou s'associe à un gouvernement auquel il ne participe pas — cela s'appelle « aller à la soupe » — et il est vrai que, dans ce cas, les électeurs sont en quelque sorte trompés, ce qui justifierait au minimum un retour devant eux pour faire approuver ce changement. D'un autre côté, le même parti admet parfaitement que les engagements qu'il a pris pour parvenir au pouvoir ne soient pas tenus. De multiples arguments existent pour justifier les changements : le pragmatisme, les contraintes économiques, internationales, les rapports de force, etc. En fait, la plupart du temps, le parti et ses candidats choisissent les accommodements pour conserver le pouvoir. C'est dire que le désir du pouvoir n'est pas seulement le ressort premier de l'homme politique, c'est aussi l'ultime, qui lui fait préférer l'incohérence plutôt que le retour à la base.

A n'en pas douter, c'est le problème du pouvoir qui a rendu terriblement confuse la distinction française traditionnelle entre la droite et la gauche. A plusieurs reprises la gauche s'est reniée, et sans doute quelquefois de façon très heureuse dans la mesure où elle a pris conscience d'erreurs naïves ou d'illusions dangereuses. Le résultat est aujourd'hui une impression dominante tout à fait justifiée : nous assistons à la bataille entre deux appareils de pouvoir et non plus entre deux conceptions de l'action publique. Certes, il existe des inerties sociologiques qui feront toujours voter certains quartiers plus à droite que d'autres. En dépit de ses contradictions et de sa complicité tacite avec de nombreux crimes, le parti communiste s'est ainsi maintenu en plusieurs lieux, d'autant plus que ses hommes ont toujours vécu comme leurs électeurs et parmi leurs électeurs, ce qu'il faut leur reconnaître. Mais les résidus de clivages sociologiques archaïques ne suffisent pas à définir des identités politiques. La gauche s'est reniée sur l'immigration, sur les pauvres, sur les entreprises, sur le profit, sur la justice, sur la morale, sur la défense nationale, sur le chômage, c'est-à-dire pratiquement sur tous les points ou enjeux qui caractérisaient son identité. Le pouvoir est l'explication principale de cet amalgame et de cette confusion vivement ressentis. Il faudra à la gauche la certitude de le perdre pour retrouver dans ses discours les accents qui l'animaient avant la prise du pouvoir, mais on ne la croira plus : douze ans d'exercice du pouvoir, avec des moments de majorité confortable, suffiront à contredire le discours renaissant.

Loin de moi, je l'ai déjà dit, l'idée de mettre en cause tous ces changements d'orientation. Mais à tout le moins, il aurait fallu les avouer et les reconnaître. Le désir du pouvoir a tout laminé et le mensonge est devenu insupportable. Quand on a raison de ne plus se tromper, il ne faut pas feindre. On a beau jeu d'accuser l'« usure du pouvoir » : le pouvoir n'use que si l'on s'en sert à son usage exclusif. L'usure, c'est user et abuser. Et abuser du pouvoir, c'est d'abord abuser des hommes, des citoyens qui l'ont délégué et qui voudraient être dés-abusés. Dans l'opposition, la gauche a toujours dénoncé le pouvoir et les intérêts de classe. Il importe peu à l'opinion que les intérêts soient de classe ou de caste ou de parti.

Dès la victoire électorale il est apparu que le problème du pouvoir serait la croix de la gauche. Les ministres nouvellement nommés se livrèrent à une dure bataille pour définir les territoires de leurs ministères, jusqu'à faire appel à des hommes de droite de grande réputation pour donner des avis : puis à chaque nouveau gouvernement, ce fut à qui réussirait à accroître ses attributions ou être nommé ministre d'État. Enfin, nous avons vu les ministres jouer aux chaises musicales avec la même alacrité que sous les gouvernements anciens. La compétence importait peu, seul comptait le pouvoir. Les rotations des ministres expliquent peut-être en partie leur méconnaissance de certains dossiers brûlants. Il a été bien rare sous la gauche de voir un ministre comme Martine Aubry, nommée pour sa compétence à traiter les dossiers concernant son ministère, le ministère du Travail et de l'Emploi.

On pourrait ainsi dresser un sombre tableau du pouvoir en place. Mais il faut en préciser l'analyse. D'abord, les hommes et les partis de droite ne sont guère exempts du désir commun qui conduit à la politique. Mais leurs concepts, leurs programmes, les forces sociales auxquelles on les associe spontanément ne rendent guère surprenant ce désir. Au contraire, le discours de gauche, la morale implicite ou explicite qu'il suggérait, laissaient espérer plus de dévouement ou de convictions : de ce fait l'hiatus est bien plus grand. Un homme de droite n'agite jamais publiquement son désir du pouvoir, mais « on se comprend ». Ce qui perd la gauche est ce qu'il l'a portée au pouvoir. On objectera justement que c'est aussi le désir obstiné de quelques-uns qui a permis sa victoire, et c'est une très bonne objection. Mais tant que la gauche n'aura pas, explicitement pour elle-même, intégré cette composante nécessaire de l'action politique, elle ne pourra supporter l'épreuve du pouvoir, trop forte pour les hommes patients devenus impatients.

Aucun parti ne peut être angélique. Il sait qu'il compte parmi ses militants les plus vigoureux des hommes de toutes sortes. Mais il lui faut une réflexion lucide sur les rapports de pouvoir et sur les relations que lui-même entretient avec le pouvoir. Il en est de même pour tous ses éléments, qui ne devraient jamais être abusés par les « intérêts supérieurs du parti ». Or les socialistes ont tout toléré, tout accepté. Si l'on excepte les démissions courageuses de Jean-Pierre Chevènement et de Michel Rocard, tous ont accepté la dégradation des mœurs au sein de leur propre formation comme la dilution des projets dans l'appareil d'État. La montée du chômage, la croissance du Front national, la faiblesse grandissante des syndicats ne les ont guère inquiétés outre mesure. Le pouvoir semblait suffire.

Pour certains, le pire sans doute est une réelle sincérité, puisée dans la conviction que la droite serait bien plus nuisible à la nation sur quelques points sensibles comme l'immigration, l'impôt sur les grandes fortunes, la culture, alors même que les différences devenaient de plus en plus symboliques. Mais le plus grave est arrivé avec les affaires : on ne pardonnera pas aux socialistes de n'avoir pas fait le ménage chez eux. On pouvait excuser quelques reniements, mais pas ceux qui portaient sur des valeurs. Quelquefois les actes semblent contraints, mais quand le désir du pouvoir s'attaque aux valeurs les plus fondamentales comme l'égalité devant la justice, le pouvoir apparaît dans son cynisme et sa vérité insupportables. Les protections, l'inertie du parquet, les entraves et protestations contre la justice, l'amnistie, tout cela a tellement réduit les idées à la conservation du pouvoir que, pour longtemps, les paroles généreuses ne seront plus crédibles tandis que les Français demeureront incrédules. La gauche paie sa vertu présumée, au point que plusieurs élus de droite poursuivis en justice n'étonnent plus une opinion qui ne s'en émeut guère, tandis que chaque socialiste est sous les phares d'une presse qui joue un rôle dont elle sait la justice souvent empêchée. Sans doute les plus honnêtes des socialistes ont-ils cru faire preuve d'abnégation en s'associant aux amitiés présidentielles ou à la solidarité partisane pour couvrir des pratiques honteuses. Ils ont reporté aux lendemains qui déchantent une nécessaire épreuve de lucidité.

Le citoyen est en droit d'exiger que les élus s'expliquent sur leurs changements. S'ils affirment la continuité alors qu'ils varient, le mensonge redouble. Même si l'on admet que la polémique politique amène parfois à grossir les traits et à proposer des programmes inapplicables ensuite, il faut au minimum le dire et au mieux retourner devant les électeurs pour faire apprécier les changements d'orientation. Sinon l'interprétation est claire et justifiée : seul le pouvoir occupe et seule l'occupation du pouvoir préoccupe. Prêts à dire n'importe quoi pour y parvenir, les politiques sont prêts à faire n'importe quoi pour y demeurer ; et en général les deux « n'importe quoi » ont de faibles zones de recoupement.

Un phénomène très curieux s'est déroulé durant ces dernières années : l'appétit de pouvoir des ministres a été détourné de son but habituel, qui est ordinairement d'asseoir leur autorité sur tout ce dont ils ont tutelle, pour s'attacher parfois davantage à la forme qu'au contenu. Plusieurs ministères se sont ainsi désengagés de secteurs entiers pour des raisons économiques et politiques. L'État est effectivement devenu moins présent qu'il ne pouvait l'être auparavant, quitte à abandonner ses responsabilités de façon très contestable. Sans revenir sur de bonnes réformes comme la création de France Télécom ou du Giat Industries, deux entreprises détachées de l'administration centrale, le retrait de l'État peut souvent passer pour une démission : il est souvent dû à des raisons purement idéologiques. En témoigne l'étonnante décision appliquée sous le gouvernement de Jacques Chirac et qui en dit long sur la conscience que ce gouvernement avait lui aussi des problèmes liés au sang : alors que la Fondation nationale de la transfusion sanguine, qui coiffait le Centre national de la transfusion sanguine — dirigé par le docteur Garretta —, comprenait dans son conseil d'administration trois représentants de l'État (ministère de la Santé, de l'Intérieur et du Budget), le gouvernement décidait de réduire sa présence en maintenant la seule observation du ministère du Budget. On se privait ainsi de tout contrôle autre que budgétaire sur les activités du Centre. Quant au ministre de l'Industrie, Alain Madelin, il annonçait sans sourciller qu'il souhaitait la suppression de son ministère, comme gage d'un libéralisme avancé. On peut conclure de cette série d'abandons que le pouvoir s'est de plus en plus abstrait des responsabilités, et qu'il a été de plus en plus recherché pour lui-même ou pour les avantages secondaires qu'il procure, hors les responsabilités. Quand un ministre concentrait son attention sur des administrations qui définissaient à la fois son territoire et son espace de responsabilité, son pouvoir se définissait par son administration. Aujourd'hui la tutelle est de moins en moins exercée : le pouvoir se mesure à d'autres critères, il est devenu davantage politique. Le microcosme, le goût de l'argent, la jouissance médiatique menacent de prendre le pas sur l'État.

La démocratie peut certainement tolérer que des hommes, par ambition ou désir du pouvoir, s'engagent dans des processus électifs. Mais deux éléments sont contradictoires avec cette tolérance. D'abord, il est difficile d'admettre que l'on pense la politique en termes de carrière : une telle habitude conduit des hommes à ne jamais abandonner leur fonction politique, c'est-à-dire à se maintenir au pouvoir coûte que coûte ou à se réfugier dans les appareils de partis. La démocratie suppose qu'un homme rejeté par les électeurs ou victime d'un échec se retrouve au même rang que n'importe quel citoyen. Ensuite, le pouvoir n'est supportable que si son désir n'est pas contradictoire avec les vœux des électeurs ; autrement dit, la cohérence entre ce que l'élu a promis et ce qu'il fait reste la condition pour qu'on tolère son ambition, en admettant même qu'il la cache, ce qui est un mensonge nécessaire. Tous les hommes n'ont pas le goût de la chose publique, il importe qu'ils n'en aient pas le dégoût.

Comme nous le verrons, il est d'autres mensonges qui affectent la démocratie, mais l'adhérence au pouvoir dans l'oubli du mandat est certainement le type de mensonge qui provoque la plus grande aversion pour la politique. Celle-ci n'est jamais définitive et, dans les peuples démocratiques, il subsiste toujours une attention au politique susceptible de se transformer en enthousiasme ou en franc soutien. Telle a été la situation à la fin de la IVe République : la lassitude des jeux confus et petits, répandus dans le monde des années 50, n'a pas laissé la place à un désintérêt irréversible. Au contraire, elle a ouvert le champ au général de Gaulle pour qui une ferveur nouvelle est apparue.

A notre époque, il est difficile de prévoir l'évolution des comportements. L'opposition gagnera évidemment les élections par défaut, mais sans élan, surtout parce que la majorité actuelle les perdra. Non sans cynisme, le président de la République proposera de se déposséder des leviers du pouvoir dont il n'aura bientôt plus besoin : il pourra ainsi raccourcir le mandat présidentiel et donner plus d'indépendance à une justice qui deviendrait dangereuse si elle connaissait la même sujétion sous un gouvernement contraire.

En démocratie, il est tellement difficile, voire interdit, d'évoquer son appétit pour le pouvoir que son irruption comme seul contenu de l'action politique produit des effets heureusement négatifs. L'homme qui a tué la droite au nom de la vertu l'a en fait ressuscitée en abusant de sa légende et de son programme. Imaginons ce que serait devenu Ransom Stoddard si, devant tous ses électeurs réunis, Liberty Valance était réapparu, entouré de sa troupe revigorée, en dénonçant le mensonge d'une mort fictive qui aurait porté Stoddard au pouvoir. Dans le film, les journalistes se taisent et refusent de raconter l'histoire vraie parce que Liberty Valance est bien mort et que Stoddard est en confortable position. Sinon ils commenteraient la supercherie, enquêtes à l'appui.

La rhétorique nouvelle

Les « siècles démocratiques », comme aimait à dire Tocqueville, sont profondément affectés par l'évolution des conditions dans lesquelles s'exerce l'action politique. Formellement, il n'est de démocratie sans un pouvoir de la parole. La démocratie naît dans le discours et le sens du mot « liberté » dans la démocratie athénienne désigne avant tout la liberté de parler, de s'exprimer et de discourir sans courir le risque d'une répression. Dans les limites de l'esclavagisme antique, le peuple qui gouverne, c'est d'abord le peuple qui *prend* la parole. John Ford, vingt-cinq ans plus tard, met en scène le même événement dans un coin de l'Ouest. Entre les deux, presque rien n'a changé. Ransom Stoddard fait écho au Thésée des *Suppliantes* : « Quant à la liberté, elle est dans ces paroles : "Qui veut, qui peut donner un avis sage à sa patrie ? Lors à son gré chacun peut briller ou se taire. Peut-on imaginer plus belle égalité ?" » Oui, presque rien n'a changé hors la presse, qui est, avec Dutton Peabody, le principal soutien de notre héros dans la première réunion publique où la parole est autorisée.

Dès que le discours s'élève, dès que la parole se libère, apparaissent les premiers sophistes. La liberté n'est jamais chose simple : Cicéron nous rappelle qu'avec la chute de la tyrannie, dans Syracuse, naît la rhétorique. Chaque forme nouvelle du discours engendre ses propres perversions. Les sophistes pullulent, tels Hippias, Protagoras, Thrasymaque ou Gorgias, venant de tous les lieux, d'Asie Mineure ou du Péloponèse, comme des mouches sur le miel doucereux qui se répand dans la cité. Ils inventent le discours démocratique qui se déploie dans l'agora sous le patronage d'un dieu nouvellement qualifié, le *Zeus agoraios*. Et sous l'effet de ce double événement d'une parole libre et d'une rhétorique ambitieuse, la philosophie va s'élancer en usant de l'une pour combattre l'autre. On doit à la rhétorique, malgré elle, la naissance d'une pensée politique qui prend pour cible la démocratie dont elle participe. Le drame des démocrates a toujours été de mépriser leurs adversaires. Convaincus que la caution du peuple suffisait à donner raison, ils se sont toujours servis du peuple comme instance critique. Socrate devait en mourir. Il nous reste, avec Platon, la vigoureuse critique des travers de la démocratie, qui se sont aujourd'hui amplifiés.

Nous avons changé d'époque. La démocratie n'est plus directement dans le discours, car l'éloquence classique subit la concurrence terrible d'une société qui a entraîné les hommes politiques sur d'autres scènes, dans d'autres théâtres. Après avoir fustigé pendant de longues années une société de consommation, on l'a consacrée en la nommant « société de communication ». Mais si la mise en scène a changé, les moyens restent archaïques car la technique n'a pas le pouvoir qu'on lui soupçonne. L'homme politique n'est plus un tribun qui harangue les masses et dont les discours sont au mieux radiodiffusés. Il n'est pas totalement passé du son à l'image car il ne dédaigne rien :

la presse, les radios ne sont pas négligeables ; elles font toujours partie des moyens de communication. Mais l'audiovisuel, en installant l'image à domicile, a rejoint dramatiquement la première critique platonicienne : la démocratie est toute dans l'image.

L'image est un mot qu'on tire en tous sens. Elle s'associe à tous les délires de la communication et devient folle comme elle. Et c'est une véritable révolution culturelle qui met en danger notre démocratie. Pour en saisir l'essence, souvenons-nous : il y a peu de temps encore, pour désigner la sagesse d'un enfant, on disait, prosaïquement, « sage comme une image ». Gageons que cette formule tombée en désuétude intriguera nos petits-enfants.

La communication est devenue affaire d'images, c'est-à-dire d'apparences. « Est-ce bon ou est-ce mauvais pour mon image ? » : telle est la question dont s'entretiennent régulièrement les politiques, entourés de conseillers en communication qui en font leur métier et de quelques journalistes qui en font des heures supplémentaires. La question n'est pas anecdotique, elle est depuis toujours posée à la démocratie : comment le gouvernement démocratique peut-il échapper au souci de l'apparence ? Comment peut-il se soucier de la santé réelle des citoyens, de leur âme et de leur corps ? Comment peut-il résister au désir de séduire et de persuader ? Comment peut-il parler du bien et du mal pour la cité ?

Reprenons les critiques platoniciennes, du moins celles qui concernent la communication dans la démocratie, et laissons de côté la hiérarchie des gouvernements qui place la démocratie en pénultième position juste avant le pire, la tyrannie. La démocratie, nous explique Platon, est envahie par le discours rhétorique. Elle ne donne pas le pouvoir de parler, ce qui, après tout, ne mérite guère de critique, elle donne le pouvoir à la parole. Dès lors, la parole des hommes assoiffés de pouvoir ne peut plus être qu'une parole de pouvoir. Le pouvoir passe par la parole, c'est-à-dire par le seul mode de communication existant, il se gagne et se perd par elle. La relation entre l'émetteur et les auditeurs est décisive : le premier doit plaire aux seconds car l'un parle et les autres élisent. Il n'est pas de vrai débat public qui permette de jauger les compétences, de les confronter ; cela s'appellerait un dialogue et c'est bon pour les écoles de philosophie, pas pour l'agora. D'un côté le discours, de l'autre les applaudissements ou les huées. Le discours est un monologue qui peut être contredit par un autre discours qui sera aussi un monologue : la succession des discours ne fait pas le dialogue. Et si les discours sont contradictoires, l'un gagne et l'autre perd, sans que la vérité progresse. D'ailleurs, il n'est pas question de la vérité, mais seulement de l'apparence. C'est pourquoi le médecin spécialiste de la santé du corps perdra toujours contre un beau parleur qui, loin de suggérer des potions amères, flattera les sens du peuple réuni.

Car l'essence du discours, c'est la flatterie. Flatter les opinions, le sens, les travers, les vices, les idées, les comportements, les actes. Le pouvoir se conserve en suscitant une certaine admiration pour la distance qu'il implique — *on ne sait pas parler aussi bien que celui qui nous parle* — et par la proximité qu'il suggère dans les flatteries successives — *ses idées sont les nôtres*. La flatterie consiste à plaire et à séduire, dans le discours on appelle cela *persuader*. C'est un acte authentique de communication, puisqu'il s'agit bien de *rendre communs* une idée, un choix ou un sentiment. Dans cet acte, le peuple récepteur est passif, c'est-à-dire qu'il ne devient pas émetteur ; son seul acte est de voter, d'élire, d'approuver. Le peuple, dit-on, peut changer d'avis, on le sait versatile. Ce n'est pas une propriété du peuple, mais un effet de la rhétorique.

Comme l'indique bien le mot « persuader », le récepteur est traversé de part en part *(per)*, il n'est pas considéré comme un acteur rationnel mais comme un réceptacle passif, tout juste bon à applaudir ou à siffler. Le praticien de la rhétorique connaît les moyens propres à soulever l'enthousiasme, par le jeu des intonations, par les dénonciations, par les accusations, par son maintien ou par son lexique. Il n'a pas une véritable science puisque son propos n'a pas d'objet précis comme en aurait celui d'un maçon ou d'un médecin, mais il a une pratique très empirique de ce qui marche et de ce qui ne marche pas. C'est un savoir-faire non savant, entièrement puisé dans l'expérience et qui devient routinier pour les routiers de la politique. Dans la démocratie il faut faire plaisir, au risque d'attiser les plus mauvais penchants — la haine, la facilité, la paresse, l'égoïsme — ou toutes les passions. Il ne faut surtout pas jeter le trouble, ennuyer, contrarier, ni déranger.

Cela suppose évidemment qu'on sache où en est le peuple, de façon à ne pas le prendre à rebrousse-poil. Il faut connaître ses goûts, ses opinions et leurs évolutions pour coller à ses aspirations du moment et répondre à ses attentes. C'est pourquoi, s'il fallait comparer le discours politique nécessaire dans la démocratie à quelque savoir-faire, il pourrait être rapproché de la cuisine ou de la toilette comprise comme maquillage ou déguisement. La cuisine politique commence dans le discours, dans cet art de faire recette, dans la connaissance tout empirique des ingrédients d'une bonne communication. Ce n'est pas une médecine soucieuse de santé, c'est une cuisine préoccupée de pouvoir. Telle est l'analyse que nous propose Platon. Pour lui, toutes ces pratiques reposent sur un profond mépris du peuple. Les politiques, pense-t-il, se moquent de sa santé quand la meilleure définition de la politique est *l'art qui concerne la santé de l'âme*. Les pratiques courantes contredisent ce qu'est la politique en droit. Apparence, image, empirisme, routine, flatterie, agrément, persuasion : ce sont les mots qui structurent un mensonge essentiel et répandent les leurres du pouvoir.

On dira qu'il s'agit là non d'une analyse de la démocratie, mais d'une description de ce que chacun rejette nécessairement dès que le mot est prononcé, à savoir la *démagogie*. Mais que signifie au juste le mot « démagogie », aujourd'hui devenu péjoratif ? L'art de conduire le peuple. Il va de soi que le succès de ces pratiques ainsi décrites suppose une condition essentielle : le peuple doit y croire et se laisser abuser. Il ne doit pas percevoir que le pouvoir se joue dans la parole ; il doit ignorer l'incompétence de l'émetteur ; il doit croire en cette parole et en faire la seule instance du politique. Cela suppose de la part du peuple une certaine confiance qui l'accrédite. C'est pourquoi les démocraties finissent toujours par disparaître dans la désillusion, car le peuple déçu préfère s'en retourner chez lui, déserter l'agora pour laisser le champ libre à un tyran qui, pour un temps, aura réussi à faire croire que seule sa parole mérite d'être émise et d'être entendue. Nées dans le brouhaha de discours multiples, les démocraties s'abîment ainsi dans le silence de la dictature.

Mais la prévision catastrophique nous intéresse moins que l'analyse détaillée que nous livre Platon des actes de la démocratie. Ces actes sont d'abord des paroles. Les rares actes sont rapportés à des paroles possibles, c'est-à-dire que les paroles sont tous les actes. Elles agissent en ce qu'elles marquent les esprits, non seulement par le contenu mais surtout par la forme nouvelle, d'essence publicitaire. Et ces paroles sont une production proliférante d'images. Les pratiques effectives comptent peu pourvu qu'elles puissent se défendre dans une adroite communication. Tout s'argumente, proclame Gorgias. L'essentiel est de choisir les bons arguments, c'est-à-dire ceux qui sont bons pour l'image, ceux qui vont être discriminants, qui vont faire la différence. La seule compétence qui compte, c'est la compétence du discours, qu'on doit doublement définir comme la connaissance de ses techniques et la bonne intuition de ce qui plaît au peuple. Platon disait qu'il était impossible de « capturer » l'essence de cette rhétorique ; il ne parvenait à la définir que par analogie avec, précisément, la cuisine et la toilette. Il en est de même aujourd'hui pour la communication, telle qu'elle se manifeste avec ces nouvelles éminences grises qui travaillent l'image de nos hommes politiques.

Ces analyses platoniciennes ont aujourd'hui une vérité qu'on ne pouvait leur soupçonner à l'époque où elles semblaient venir tout droit d'un esprit profondément aristocratique. Seules ont changé les conditions de réception et d'émission des messages politiques. Mais ces conditions nouvelles ont plutôt accru en nous les préventions évoquées par Platon. La démocratie a ses démons qui se manifestent plus ou moins suivant les époques, c'est-à-dire suivant l'organisation de l'espace public dans lequel s'affirme le pouvoir.

On ne saurait condamner le discours en tant que tel, car la démocratie implique nécessairement ce discours dans la mesure où les hommes délégués doivent s'expliquer devant le peuple. Ils en ont de nombreuses occasions, telles les campagnes électorales. La démocratie parlementaire, en ce qu'elle permet le développement d'un débat politique au sein d'une ou de plusieurs assemblées, sembla un progrès. Les représentants du peuple représentent le peuple, ce qui leur donne une compétence formelle, puisqu'ils expriment les intérêts d'un territoire, leur terre d'élection.

Ainsi, pendant toute une période, les analyses critiques de Platon ont pu sembler contredites par la mise en place d'un système qui en changeait profondément les conditions. Avec le débat sur le traité de Maastricht, l'Assemblée a retrouvé, l'espace d'une séance, le ton des grands moments. Cet événement inspire deux réflexions : la première concerne l'enchaînement qui s'est ensuivi, car l'intérêt des Français est né de la qualité d'un tel débat qui permet d'espérer ; la seconde conduit à en identifier les protagonistes : il a fallu des hérétiques dans chaque parti pour qu'une telle situation redevienne possible. Libérés de leur organisation, de leurs chefs comme du vote discipliné, des hommes tels que Jean-Pierre Chevènement et Philippe Seguin nous ont donné la nostalgie de ces convictions trop rares. La démocratie n'est possible qu'entre des hommes libres ; elle disparaît dans les machines à voter par procuration et la triste circulation des hommes mandatés qui arpentent les travées désertes de l'Assemblée en actionnant des mécanismes.

Ce débat fut l'exception. La règle est tout autre. En effet, avec l'avènement de l'audiovisuel, nous nous retrouvons pleinement dans les circonstances décrites par Platon. Il nous reste des assemblées représentatives et des territoires, mais l'essentiel de la communication politique passe par d'autres biais. Derechef, les hommes politiques sont face au peuple, dans une nouvelle agora : l'émetteur est en studio tandis que le récepteur porte bien son nom qui remplace celui de citoyen. Ainsi l'efficacité des médias nationaux rend-elle dérisoire le temps peu rentable que les hommes politiques consacrent à leur circonscription électorale.

Il faut ajouter à ces éléments de communication l'ensemble des instruments qui permettent de connaître l'opinion. Ils constituent les nouvelles conditions de la flatterie. Chacun sait que le mépris périodiquement affiché pour les sondages est largement contredit par l'attention portée de toute part aux représentations de l'opinion. Or il y a une différence considérable entre un choix politique réel (élection) et l'expression des opinions : le premier succède à un débat et donc à un échange d'arguments ; la seconde est une photographie qui exprime les réactions à divers stimuli. A supposer même que les sondages soient toujours honnêtes et précis, dénués de manipulations diverses, l'homme politique se retrouve, dans la démocratie, dans une situation très analogue à celle que décrivait Platon. Certes l'agora s'est étendue et il ne s'y prend plus de décisions, mais l'espace public redevient un espace de séduction et une confrontation d'images. Il s'agit bien de piloter à vue en fonction de l'opinion. Si tuer Liberty Valance apparaissait comme un vil meurtre, il faudrait se débarrasser de cette étiquette ; si au contraire c'est un acte héroïque, il faut investir coûte que coûte dans ce capital image. Et peu importe le mensonge ; seul compte le résultat, c'est-à-dire l'impact en terme d'image.

Ce qui nous rapproche le plus de la situation critiquée par Platon, c'est la détermination des actes politiques. Une nouvelle structuration de l'espace public implique de nouveaux processus de décision dans la vie politique. Dans le concept d'une démocratie parlementaire, chaque élu doit rendre compte à intervalles réguliers de ses actes politiques. Ces actes sont des votes, ses choix, son travail. L'homme qui est au pouvoir démontre sa compétence par ce qu'il a fait et les échéances électorales lui laissent quelque temps pour faire — les turpitudes personnelles sont plus discrètes car les informations sont plus lentes et il règne longtemps une certaine opacité sur des affaires qui se révèlent tardivement. Or la transformation de notre espace public en communications multiples conduit les politiques à orienter leurs décisions et actions de façons très différentes. L'alacrité des images qui parviennent au citoyen n'a rien de commun avec le temps beaucoup plus long que mettent les actes à se faire connaître. Une décision en chasse une autre et peu importe si l'intendance ne suit pas.

La notion de *simulacre*, chère à Épicure, peut nous permettre de mieux comprendre ce mécanisme. Selon le philosophe matérialiste, tous les objets et les êtres émettent sans cesse de petites particules qui peuplent l'espace. Nous percevons ces petites particules au hasard de nos sens, parfois déformées par l'espace qu'elles traversent. Ainsi avons-nous des images d'objets proches ou éloignés ; ainsi produisons-nous des images sans même nous en rendre compte. Le mot « simulacre » est un joli mot, plus que pertinent à notre époque, tant il s'est chargé de sens au fil du temps. Le problème principal que rencontre l'homme soucieux de son image réside dans la maîtrise des simulacres qu'il émet. Il ne voudrait pas que parviennent aux autres des images négatives, ou pis, que ces simulacres soient déformés à son désavantage par quelque manipulation ou par les chocs de plusieurs simulacres entre eux.

Notre démocratie est une démocratie du simulacre, faite d'images et de simulations. La nouvelle rhétorique a remplacé le débat par une polémique appauvrie. Le lexique s'affole et, loin de la discussion démocratique, ce sont les tribunaux qui se chargent de dire s'il y a eu diffamation ou non. Encore un peu de nostalgie ; il n'est pas si loin le temps où de nombreux Français se donnaient rendez-vous, à vingt heures trente, pour de grandes séquences politiques : face à face, ou à armes égales, nos élus aiguisaient leurs arguments et s'affrontaient sans cette fausse liberté qu'ils ont nouvellement conquise. Il nous faut aujourd'hui attendre sept années pour revoir un tel débat, lors des élections présidentielles. Qui donc a déserté cet espace public parcouru par l'esprit démocratique ? Les journalistes ? On rapporte qu'ils veulent davantage se montrer, être en vedette. Les patrons de chaînes ? On reconnaît qu'ils veulent faire de l'audience. Les politiques ? On prétend qu'ils refusent désormais ce jeu. En dernière instance, les politiques sont responsables : ils pourraient n'accepter d'aller que là où souffle l'esprit démocratique, tandis qu'ils n'ont souci que de « parler dans le poste ». En même temps qu'ils ont perdu le sens du risque, ils ont — c'est nécessaire — perdu celui de la responsabilité. Ce sont les effets de pâles conseils en communication : les mêmes redoutent, pour les produits qu'ils vantent, tous les tests comparatifs...

On dira que ce sont de nouvelles règles du jeu. Mais ces règles faussent le jeu politique et l'action des hommes de pouvoir. Le souci de se montrer prime le soin de gouverner. La communication occupe bien plus de temps qu'il ne faudrait. Quand la montée en puissance d'un homme politique ne repose que sur un plan médiatique, il ne faut pas s'étonner de voir son agent de campagne financer avec ardeur les journalistes de l'information télévisée. Et de plus, l'action peut n'être conçue qu'en fonction de sa possibilité d'être communiquée. Ou pis encore, l'action se réduit à la communication. La démocratie entre alors dans des contradictions essentielles. Le temps de la politique ne peut être le temps des médias. Ceux-ci sont animés et conçus en fonction d'une concurrence qui n'est pas de même nature que la concurrence politique. Les médias sont des entreprises, privées ou publiques. Ils ont des exigences d'audience et leurs modalités de fonctionnement s'en déduisent. Leurs vrais clients sont les annonceurs et non le public, qui est un moyen pour satisfaire les annonceurs. Si les politiques se coulent dans cette logique, ils se mettent au service des annonceurs quand ils devraient être au service des citoyens.

Les choix sont affaires de priorités. Cela suppose d'une part une hiérarchisation, en termes d'allocations de son temps propre, et d'autre part la volonté de privilégier la pratique politique par rapport à la communication. Gouverner, dans une démocratie, suppose une attention toute particulière aux conséquences de ses décisions, c'est-à-dire à leur mise en pratique. Le rôle d'un ministre, c'est d'abord de diriger son administration en lui indiquant des orientations qu'elle doit mettre en œuvre. C'est aussi de s'expliquer devant le Parlement. Et c'est parfois de s'adresser à l'opinion. L'ordre logique va des actes aux images. Quand le goût du pouvoir devient exclusif, l'ordre des priorités est inversé. L'ordre politique s'enlise alors dans l'image. D'un côté, le démocrate compte sur ses actes pour affermir son image ; de l'autre, il reste cantonné à l'image. Dans ce dernier cas, il est très difficile d'accomplir un chemin inverse qui irait de la culture de l'image à l'élaboration des actes de gouvernement. En effet, l'image est entièrement déterminée par les médias qui la portent et qui ne se situent pas dans la même temporalité. Pour qui privilégie l'image, le temps est celui de l'instant : ce sont des effets d'annonce, ce qu'on appelle des décisions. Bien sûr le politique a pour mission d'en prendre, mais quand l'image les détermine, il n'intègre plus au processus de décision la possibilité même de les appliquer et surtout de suivre cette application. La décision devient pur acte rhétorique et subit les conditions formelles de la rhétorique : flatterie, empirisme, routine. Elle doit être agréable, séduisante et mesurable dans les sondages à venir. De plus, à notre époque, cette décision n'est plus séparable de sa communication : elle est prise quand elle peut être annoncée, voire *pour* être annoncée. De ce fait, les ministères ou les partis politiques attendent l'assurance d'un journal de vingt heures ou d'un dossier substantiel dans une presse reconnue. Les quatre exemples que nous avons précédemment développés peuvent tous se lire à la lumière de cette analyse. Par exemple, si les homosexuels ou les hémophiles représentent le seul enjeu d'une décision, celle-ci devient dérisoire, non médiatisable. Par contre, l'union de l'opposition dans un processus de primaires est un moyen d'occuper les médias par temps variable sur les idées.

On arguë souvent d'une meilleure connaissance de l'opinion qui serait censée favoriser les processus démocratiques. L'existence des sondages permettrait de prendre un pouls régulier de la nation et de ne point s'éloigner de ses soucis quotidiens, voire spirituels. Ces affirmations viennent de la confusion trop souvent entretenue entre la foule et le peuple, entre la notion d'opinion publique et l'expression démocratique. En fait, les sondages jouent contre la démocratie. Ils permettent de substantiels profits dans une activité économique qui vit d'une double concurrence, entre les sondeurs d'une part, et entre leurs commanditaires d'autre part. Ils sont pourtant une caricature de la communication et de la démocratie. Sans revenir sur les méthodes elles-mêmes ni sur la formulation des questions qui pervertissent les réponses, il convient d'insister sur leur rapport étroit avec l'opinion telle que la pensait Platon, cette même opinion dont les sophistes et rhéteurs faisaient l'objet de toutes leurs séductions. Les sondages consistent à saisir une opinion publique en dehors de tout débat public. Or la démocratie ne réside pas dans le fait que les citoyens s'expriment comme des éponges imbibées d'opinions ou d'images saisies à la hâte. La démocratie est indissociable du débat démocratique.

En donnant aux politiques la photographie d'une opinion naïve, les sondages donnent des armes à la rhétorique flatteuse qui se plaît à suivre l'opinion de peur de la heurter ou d'en découdre avec elle. On a vu, lors des élections européennes, à quel point l'irruption du débat démocratique, ajoutée aux niaiseries publicitaires, modifiait profondément cette opinion. Or les sondeurs se construisent une légitimité dans la prévision : quand le débat démocratique a eu lieu et que les options des Français sont étayées sur des argumentations saisies au fil des débats contradictoires, les sondeurs semblent montrer la scientificité de leurs méthodes puisque, peu ou prou, ils donnent les bons résultats par avance et d'excellents résultats dès la clôture du scrutin lors des soirées électorales. Par cette voie, bien différente par nature, les sondages d'opinion effectués dans des périodes aléatoires semblent consacrés.

Ce mensonge est terrible, car il est bien plus aisé de saisir une opinion stabilisée par le débat qu'une opinion vierge de débat. Or la publication de sondages instantanés, outre qu'elle se prête à toutes les manipulations, détermine et conforte les opinions majoritaires en définissant une normalité. A une époque où le courage politique fait de plus en plus défaut, les hommes hésitent à contrarier l'opinion. C'est la version moderne de la flatterie. La démocratie y perd tout son sens. Les organismes de sondage devraient demeurer dans le secteur des études de marché. Puisque toute publicité comparative y est interdite, il est logique qu'ils aident les entreprises dans la bonne intelligence des comportements. Mais il faut cesser de traiter le citoyen en consommateur d'opinion : la démocratie mérite mieux que cela. Le Bérégovoy est à la baisse, le Mitterrand est à son plus bas niveau historique : ainsi la vie démocratique s'énonce-t-elle en pourcentages, mêlés d'additions et de soustractions, de baisses et de hausses, comme si la politique « se faisait à la corbeille », pour reprendre le célèbre mot du général de Gaulle.

Les sondages ne sont pas l'écoute nécessaire à toute communication pertinente. Ils ne sont que le recueil d'opinions non affranchies. Comme l'affirmait Socrate, ce n'est que dans le dialogue qu'une pensée peut apparaître : la lecture des sondages et l'émission d'un discours ne font pas un dialogue. Le monologue est le danger principal de la rhétorique et la croix de la démocratie. Dans le monologue, l'émetteur peut flatter sans solliciter l'intelligence. Les préventions antiques sont malheureusement confirmées par un système médiatique qui accroît tous les dangers de la démocratie en multipliant les rhétoriques.

En donnant l'illusion de la connaissance, les sondages font souvent entrer dans un processus de non-communication. La communication passe par l'Autre ; elle se caricature dans la médiation statistique. Réunis en conclave pour analyser les résultats d'un sondage, les politiques s'isolent dans la quantité : les citoyens deviennent des segments de marché ou des « créneaux porteurs ».

C'est ce que Dominique Wolton appelle le « bocal médiatique », bocal qui isole « la classe médiatique, intellectuelle et politique ». La rhétorique est évidente lorsqu'une discussion politique télévisée est introduite par un sondage commenté sur une question qui n'a pas encore fait l'objet d'un débat public dans l'« espace public médiatisé ». Les données recueillies déterminent des propos qui tentent le mieux possible de coller aux résultats : la flatterie est à l'œuvre quand le courage politique fait défaut.

Le souci de la communication pervertit le rôle naguère dévolu à la presse en matière de liberté. Jadis, au début de la Ve République, le pouvoir avait tendance à mettre la communication à sa botte. En moins de trente-cinq ans, la situation s'est totalement inversée : le pouvoir peut encore avoir ses humeurs et faire savoir son désagrément, mais les hommes politiques sont devenus de plus en plus dépendants des grands et petits journalistes. Ils les courtisent à l'aide de familiarités et de cadeaux, achetant quelques minutes d'antenne en échange de quelques confidences au mieux, de voyages aux Seychelles au pire. Il est difficile de simplifier les rapports complexes des médias et du pouvoir, car il faudrait distinguer entre les médias et entre les pouvoirs. Les relations apparemment cordiales ou chaleureuses sont faites de tensions inégales. Mais aujourd'hui, seul le Président peut encore convoquer des journalistes, les choisir et décider de son heure d'antenne. Tous les autres politiques manœuvrent dans l'ombre.

Quelques principes simples et courants organisent ces relations. D'abord, il ne s'agit pas d'un échange où la monnaie serait l'information. Il faut appeler cet échange un troc. Contre quelques réflexions ou informations, le journaliste propose quelques lignes ou quelques images, jamais un débat. L'essentiel est que le citoyen soit absent du troc et que l'échange confidentiel se fasse à l'abri des regards indiscrets. « Off... off », dit-on ensemble d'un air convenu. Et comme le rédactionnel ou l'écran cathodique se paient cher, il faut que les informations soient rares. On appelle rares ces réflexions ou informations qui ne sont pas dites au citoyen et qui, la plupart du temps, sont exactement contraires à ce qui est dit au citoyen.

En soi, le concept de communication est pourtant fondamental dans l'action politique, y compris, naturellement, dans la démocratie ; il en est même une des dimensions principales. Mais le mot recouvre des réalités bien diverses, car il est plusieurs types de communication. Rendre commun, cela peut se faire par plusieurs voies. La différence platonicienne entre *persuader* et *convaincre* est une première distinction. Contrairement à la rhétorique des sophistes, l'acte de convaincre exprime un débat qui considère l'autre comme un acteur rationnel ; le débat s'achève en droit dans une victoire commune (*cum-vinco*, vaincre ensemble). Il suppose une argumentation qui plaît ou ne plaît pas : ce n'est pas une communication de type publicitaire mais une communication entre citoyens de la même république. Ceux-ci ne sont plus les sujets qu'on tente de séduire, ils sont au sens propre considérés comme des inter-locuteurs.

Il est vrai que cette méthode est de plus en plus difficile. Elle se heurte à des médias qui ne sont guère interactifs. Mais si elle est prise comme un objectif de principe, elle change considérablement les conditions mêmes de la communication. Or ce n'est pas le cas depuis quelques années.

La démocratie suppose ce que Habermas appelle une *éthique de la discussion*. Reprenant les distinctions socratiques du convaincre et du persuader comme modalités opposées du discours qui consiste à rendre commune quelque idée, il suggère que la loi pourrait être un effet du devoir admis par tous les êtres raisonnables. Bien sûr, dans la démocratie se constituent toujours des majorités et des minorités, mais, quand elles ne se contentent pas d'épouser les divisions des partis ni d'adhérer à la simple opinion spontanée, elles peuvent se distribuer en fonction de ce qu'il appelle l'*intercompréhension*. Si quelques conditions formelles sont remplies, la politique et la morale se rejoignent au lieu de faire le grand écart. Ces conditions peuvent être dites idéales, néanmoins il convient d'essayer de s'en approcher le mieux possible, quand la rhétorique nouvelle en éloigne toujours plus.

Ces conditions sont dites formelles car elles ne concernent pas un contenu particulier. L'existence d'un débat démocratique requiert une logique : les interlocuteurs ne peuvent se contredire dans leurs propres discours, dire en même temps le blanc et le noir, sans que cette contradiction soit relevée par l'autre aux aguets. Ils doivent utiliser les mêmes mots dans des sens identiques, sinon des rectifications apparaissent qui sont évitées dans le monologue.

Dans le débat en temps réel, chaque interlocuteur est immunisé contre la répression, ce qui, en termes médiatiques, signifie qu'il n'est pas coupé selon le caprice d'un médiacrate. Il existe une certaine symétrie entre les intervenants, aucun n'étant victime de la moindre pression extérieure. La liberté d'expression n'est pas l'expression sans contraintes ; au contraire, c'est l'expression sous la contrainte du débat puisqu'elle est reconnue à tous.

Enfin, aucun intervenant ne peut dire n'importe quoi, être d'une mauvaise foi sans limites sans que celle-ci soit mise en évidence dans l'instant.

Ces trois conditions développées par Habermas — *logique requise, processus nécessaires pour la validité des échanges, mécanisme d'échange postulé* — ne sont qu'approchées dans le débat public. Ainsi François Mitterrand a-t-il pu prendre en traître Jacques Chirac, lors du fameux débat de 1988, en rapportant des propos privés qu'il lui aurait tenus dans l'intimité de son bureau sur l'affaire Gordji, ce qui était contraire au mécanisme d'échange postulé. On ne pourra jamais faire l'impasse sur la vivacité des personnes ou leur réactivité. Le progrès ne conduit pas à la perfection, car il n'est pas de dialogue démocratique parfait. Néanmoins, la démocratie doit créer les conditions qui permettent d'en approcher.

Dans le cadre de la rhétorique nouvelle, on a le sentiment qu'une erreur politique peut toujours se racheter par une bonne communication. Le mensonge va toujours de pair avec le démenti. Un monologue succède à un autre monologue qui s'ajuste sur les commentaires du premier. Une mauvaise action tâche de se diluer dans des images et des accents de sincérité. La cruauté du dialogue est plus propice à la démocratie.

A l'inverse, on constate qu'il n'est plus de bonne politique si elle ne s'accompagne d'une bonne communication. Ainsi a-t-on pu regretter que des initiatives discrètes mais fondamentales de Michel Rocard aient été « mal vendues ». Tout ce qui a été entamé dans le cadre de la modernisation du service public était de bon aloi et se prêtait mal à la publicité médiatique. Œuvre de longue haleine, cette discussion générale sur les missions du service public était effectuée dans le meilleur esprit démocratique. Le silence obligé n'était pas exempt de courage, mais il fallait le temps. Privé de temps par un caprice présidentiel toujours énigmatique, Michel Rocard n'a pu produire les effets de cet engagement. Il s'agissait d'une série de définitions locales effectuées par des services — des projets de services — aussi différents qu'une direction départementale de l'Équipement ou un service ministériel central. Mais, à la limite, peu importe : certes, le Premier ministre n'a pas profité de ses actions entreprises, mais, de toute façon, il aurait été vain et dérisoire de vouloir communiquer à leur propos : la seule communication réside dans ce cas dans l'amélioration de la prestation de service telle que peut la ressentir le citoyen usager du service public. Reste à craindre que ce type d'expérience ne décourage un peu plus nos ministres de s'engager dans le sens de l'État, dont nous avons besoin mais dont ils tirent peu de profit à court terme. Ce doit être le lot assumé d'un homme d'État : si tant est que l'État a bien dans ses missions d'assurer le long terme, telle est la part du risque et de la responsabilité. Il n'est pas dit que l'homme politique véritablement doté d'un sens de l'État gagne à tous les coups. Le monde politique n'est pas plus moral que le cours du monde. C'est là une des principales causes du mensonge démocratique dans lequel se complaît la nouvelle rhétorique des médias.

Cette situation éloigne les politiques de la réflexion nécessaire. Un retournement de l'opinion, voire une simple baisse dans les sondages, et tout est affaire de communication. La seule erreur qui est publiquement admise est au mieux l'erreur de communication : « Nous n'avons pas su expliquer, nous nous sommes mal fait comprendre, nous n'avons pas su défendre nos réussites, nous gâchons nos propres succès. »

La communication n'est efficace, pense-t-on, qu'à condition de dissimuler le travail de communication. Après l'échec de 1978, Michel Rocard avait étonné l'opinion en étant le seul à le reconnaître, avec tristesse et sincérité. Quelques semaines plus tard, on apprenait que la scène avait été répétée plusieurs fois pour que le timbre de la voix exprime avec justesse l'émotion, la déception et la nécessité de l'autocritique. L'impératif technique ne fait pas le mensonge, mais il ouvre des voies dangereuses.

Quand la communication apparaît grossièrement pour ce qu'elle est, la faute est impardonnable. Ainsi la très bourgeoise Édith Cresson échoue-t-elle dans ses tentatives de parler populaire, victime de ses conseillers, des représentations très distantes et abstraites qu'elle a du peuple comme du désir qu'il aurait d'entendre une gouaille républicaine dans un lexique trivial.

Certains hommes apparaissent irrémédiablement comme des ratés de la communication. Quand tous les efforts ont échoué, il ne reste plus qu'à communiquer sur l'échec lui-même. Ainsi chacun apprend-il maintenant de tous côtés que Jacques Chirac est bien meilleur dans la réalité quotidienne qu'il ne l'est dans le prisme cathodique. Les journalistes ont ébruité l'information indispensable à l'intelligence des choses : ce n'est pas l'homme cassant que l'on croit, au sourire forcé, aux rictus désagréables ; c'est un homme chaleureux, simple, que connaissent bien les Corréziens ; et, de surcroît, doté d'une grande culture littéraire. L'opération est délicate, mais il serait injuste qu'un homme comme Jacques Chirac dût son échec politique à des contraintes médiatiques singulières. L'histoire des cailloux de Démosthène se répète, sous d'autres formes.

Mais, en certaines occasions, la distinction entre le débat démocratique et la séduction publicitaire apparaît pour ce qu'elle est, avec une force destructrice. Ce sont des moments d'une maladresse encourageante. Tel fut le cas récemment avec l'utilisation naïve de la publicité pour la campagne des européennes. La presse s'en est peu fait l'écho car elle prenait peur à l'idée de voir une agence la priver de budgets dont elle a grand besoin. Pourtant le retournement de l'opinion après la campagne orchestrée par Jacques Seguela est un véritable motif d'optimisme pour le démocrate. Les Français voulaient un débat, et on dépensait des millions à les prendre pour des niais. Placarder dans le pays un jeune homme bégayant « Maastricht... A part que c'est imprononçable, je suis plutôt pour » relevait de la provocation.

L'utilisation de la publicité peut être la dernière des perversions. Elle court le risque du ridicule quand on cherche un slogan de détergent ou d'adoucisseur pour un homme politique. Ainsi Paul Quilès se vit-il appliquer mécaniquement des procédés correctifs pour revenir sur l'image du congrès de Valence : la campagne Quilès-Tendresse, du dernier ridicule, doit plus à de mauvais conseillers qu'à l'homme, qui vaut bien mieux que cela.

Mais à notre époque, la croyance dans les vertus de la communication est une illusion partagée largement par les milieux politiques. Le rythme des sondages est leur horizon trop commun : observons avec quelle précision les sondeurs datent le recueil de leurs données : était-ce avant telle intervention ou telle décision ou juste après ? Ainsi les sondages en viennent-ils à déterminer l'action elle-même qui, dans certains cas ou chez certains hommes, peut n'être qualifiée que par leurs résultats.

Dans l'ancienne rhétorique, la communication directe — *im-médiate* — affirmait le pouvoir de l'homme politique sur le peuple qu'il courtisait. De nos jours, ses moyens sont accrus, même si la concurrence va de pair. Mais les *médias* signifient bien une *médiation* ; et cette médiation n'est pas exactement à disposition ; il faut elle-même la séduire pour l'occuper, ou l'occuper pour la subjuguer. La politique n'est plus un pouvoir solitaire face au peuple tout ouïe : la médiation est un autre pouvoir qui lutte à la fois contre lui et tout contre lui. Ce n'est pas à proprement parler un contre-pouvoir : tout juste impose-t-elle ses conditions, pour être reconnue comme telle, comme scène où se montent les spectacles et comme territoire dont il faut respecter les protocoles. Cette médiation est une contrainte car, dans son usage le plus courant, elle transgresse les règles formelles de toute « éthique de la discussion ».

Dans la prolifération des médiations possibles, il reste à l'homme politique le choix des moyens. Il lui est presque impossible de transformer son environnement, mais l'homme d'État se satisfait d'un certain stoïcisme : quand il ne veut pas dire n'importe quoi, il ne va pas n'importe où, car l'image et la présence cautionnent les médiations.

Peut-être la question fondamentale qui lui est posée aujourd'hui est-elle celle des philosophes du Portique : qu'est-ce qui dépend de moi et qu'est-ce qui n'en dépend pas ? Le Silence, ailleurs, et la Parole, ici. Ce sont toujours des choix décisifs pour le démocrate.

Microcosmes

Le monde politique se ment à lui-même en se prenant pour le monde même. Toujours présent dans cet illusoire microcosme, l'homme politique s'absente de la société.

En lâchant un jour le terme goguenard de *microcosme* à la face de journalistes interdits, Raymond Barre produisit un effet bien connu dans la politique française. De Gaulle avait commencé en jouant de la *chienlit*, du *volapük* ou du *quarteron*, sans pour autant s'être entouré de prestigieux et coûteux conseils en communication : pour qui a la réputation d'en faire bel usage, la langue française garde un tel prestige dans son terroir que les slogans des publicitaires font pâle figure et piètre effet auprès d'un vocable rare ou d'une belle rhétorique.

Célèbre pour son usage précieux, voire professoral du verbe, Raymond Barre pouvait se permettre un mot dont toute évocation lui revient comme un hommage. Dire aujourd'hui « microcosme », « microcosmien », « microcosmique » relève du clin d'œil. Pourtant, je suis convaincu qu'au-delà du simple bon mot le concept même de microcosme est une catégorie qui permet de décrire, d'analyser et de comprendre une part de la réalité française. Sa pertinence s'accroît avec le temps jusqu'à menacer notre démocratie et les meilleurs acquis de notre culture. Plusieurs événements récents, qui défraient la chronique ou pèsent sur l'avenir, s'expliquent à la lumière de ce concept : scandale du sang contaminé, urbanisme déréglé, révolte des routiers, divisions de la droite, mécontentement des agriculteurs, échecs de notre système de formation, prix du livre, et bien d'autres faits de poids inégaux.

Mais qu'est-ce, au juste, qu'un *microcosme* ? Littéralement, c'est un petit monde dont la connotation polémique fait un monde petit. Le concept enveloppe pourtant plus qu'un effet de taille. Au microcosme s'oppose le macrocosme dont il n'est pas la simple réduction homothétique. Soit la société française définie comme macrocosme : elle est peuplée de petits mondes qui s'observent sans se connaître pour ne vibrer qu'aux manifestations spectaculaires des uns et des autres. Les différences entre le tout et les parties ne sont pas seulement quantitatives, comme l'on dirait qu'un ensemble est composé de sous-ensembles. Car si le macrocosme énonce, dans le droit, des lois que nul n'est censé ignorer, chaque microcosme fonctionne, sans le dire, selon des lois et principes que nul n'est censé connaître.

Ainsi l'*opacité* est-elle la première caractéristique du microcosme : pour le comprendre, il faut être *dedans*. Il ne s'agit pas simplement de code de l'honneur, de déontologie ou de règlement intérieur : les règles et surtout leurs applications restent implicites. De ce fait les microcosmes travaillent dans un secret essentiel à leur survie. Mais le secret n'est jamais avoué comme tel ; au contraire, il est l'objet d'une constante dénégation ; c'est pourquoi il serait inexact de classer dans les microcosmes les rassemblements confessionnels dont les rites sont affichés ou les loges maçonniques, qui correspondent plus à des choix idéologiques que sociaux. Un microcosme est un ensemble social qui, comme tel, assure une fonction dans la société ; ce n'est ni un club huppé, ni une secte, ni une Église dont les statuts singuliers sont clairs. L'Éducation nationale, l'intelligentsia, le monde politique, la presse, les médias ou l'édition sont d'un autre ordre.

Le *narcissisme* constitue le deuxième ingrédient de tout microcosme. Il peut se nourrir d'un sentiment de supériorité par rapport à tous les autres petits mondes, mais ce n'est pas nécessaire ; tout au plus déteste-t-il l'appellation de microcosme, désobligeante au regard de la dimension que chacun s'attribue. Non, si le narcissisme peut consister à toujours surestimer son rôle dans le macrocosme, ce n'en est pas la dimension essentielle. Le narcissisme est d'abord un aveuglement ; on l'appelle parfois « corporatisme » mais ce n'en est qu'un aspect, directement rattaché aux intérêts catégoriels. Le narcissisme induit surtout l'incapacité à écouter, voire à percevoir, des signaux ou des informations qui viennent d'ailleurs et qui ne sont pas intelligibles dans le cadre d'un microcosme. Il y a le microcosme et les autres ; et les autres n'existent plus comme tels. Ils sont oubliés. Certes, on peut et on doit leur parler, mais on oublie ce qu'ils sont.

En revanche, on se connaît bien entre soi ; la notoriété de chaque élément transcende les conflits et les luttes les plus viles ; elle se vérifie même auprès de son pire ennemi. Le narcissisme, c'est avant tout la partialité, c'est-à-dire, selon Hume, la capacité d'agir dans l'intérêt d'autrui à la seule condition qu'il fasse partie d'un même monde, un petit monde, partiel. Autrement dit, chaque microcosme est doté d'une hypersensibilité à tout ce qui l'agite et à tout ce qu'on en dit. Le microcosmien est un épieur, soucieux des alliances, des fréquentations, mais aussi des nouveaux talents. L'envers en est l'oubli de l'Autre, une mise entre parenthèses, car le narcissisme est un repli sur soi. La catastrophe de la transfusion sanguine ne peut s'expliquer sans cette donnée, mais encore faudrait-il associer au microcosme politique le microcosme médical.

Certes, les microcosmes mourraient s'ils étaient entièrement refermés sur eux-mêmes ; victimes d'un principe de Carnot, ils s'exténueraient à ne s'alimenter que d'eux. Ce n'est pas le moindre paradoxe de tous les microcosmes : ils vivent sur l'extérieur sans le comprendre ; ils ont besoin de flux d'informations et d'énergie qui les justifient. Mais il y a toujours méprise, car l'extérieur n'agit pas consciemment pour les maintenir en vie ; c'est toujours dans d'autres buts que l'extérieur vient alimenter un microcosme ; chacun poursuit son intérêt ou respecte ses valeurs sans se douter de la fraude, ou, s'il la soupçonne, en la croyant nécessaire, en la prenant comme un moindre mal. Ainsi les électeurs finissent-ils, malgré tout, par consacrer ou garantir le microcosme politique, même s'ils ne se laissent pas prendre au jeu de candidats qui n'avouent jamais une ambition personnelle.

Dans certains cas, des microcosmes peuvent s'entretenir les uns les autres, à leur insu ou dans la conviction de leurs intérêts réciproques. Suggérer à l'autre, d'un autre microcosme, qu'il est un peu du même petit monde en lui faisant partager quelques symboles ou quelques moments d'intimité, voilà qui entretient l'amitié et la crainte respectueuse. On comprend mieux la mode regrettable du tutoiement entre journalistes et politiques, les voyages communs et les connivences officieuses. Cette connivence fait parfois du mensonge un art véritable. Dans de petits cercles, l'homme politique s'épanche avec ravissement : il se plaît à y dire le contraire de ce qu'il proclame dans l'espace public. Le mensonge devient alors monomaniaque. De tactique occasionnelle, il devient pratique courante et l'homme politique s'admire lui-même dans ses jongleries. Il avoue, au croisement des microcosmes médiatique et politique, quelque compréhension pour l'attitude de ses adversaires quand il emploie publiquement un langage outrancier pour les fustiger. Ainsi procéda récemment Jacques Chirac en déclarant que la réforme de la PAC (politique agricole commune) non seulement contrariait notre économie mais encore attentait à « la dignité d'homme » de nos agriculteurs ; ou tel autre, avouant qu'il aurait été bien embarrassé par l'affaire des Maliens de Vincennes s'il avait eu à la « gérer », mais n'hésitant pas à dénoncer haut et fort cette « rafle » et cette « déportation » qui nous rappelle les « heures les plus sombres » de notre pays.

Le microcosme n'est pas une modalité du mensonge, mais il en est la condition parfois devenue inconsciente ; il l'entretient parce qu'il le conforte ; bien au-delà de ces quelques mensonges inévitables, de nombreux hommes politiques se mithridatisent contre la vérité et deviennent de véritables « accros » du mensonge dont ils font un art, subtile conjonction de la rhétorique et des microcosmes.

Un microcosme est toujours un espace de pouvoir. Il est donc hiérarchisé. Dans le microcosme, le pouvoir a le statut d'autorité reconnue, même si, pour donner le change, l'extérieur perçoit les échos de conflits nécessaires qui justifient l'importance du microcosme et son pouvoir social dans le macrocosme. Car chaque microcosme est agité de luttes officielles et officieuses. L'intolérable est la remise en cause du microcosme lui-même, la tricherie insupportable qui transgresse la mondanité du petit monde. Tel est le cas lorsqu'un membre critique une pratique commune à tous les éléments du microcosme ou du moins à tous ceux qui s'en partagent le pouvoir. Tel est le cas lorsqu'un homme politique prononce le mot « microcosme » tout en y survivant. On comprend la prudence des universitaires et des chercheurs lorsqu'ils évitent d'émettre publiquement des critiques à l'égard d'un système de nomination ; seuls quelques mandarins hors de danger peuvent se le permettre.

La question du pouvoir est primordiale, car un microcosme se justifie et s'entretient par les pouvoirs auxquels il donne accès : chaque microcosme occupe un territoire dont il est propriétaire. Il est donc très difficile, dans une vie, d'éviter l'appartenance à un microcosme dès lors qu'on aspire à quelque pouvoir, où que ce soit. La société française s'organise de telle sorte qu'il faut faire allégeance. Les lois de la République sont insuffisantes : le citoyen du monde est d'abord sujet d'un petit monde. Aussi vaut-il mieux choisir un microcosme si l'on ne veut être définitivement assujetti toujours et partout. En effet l'ensemble des microcosmes ne recouvre pas tout le champ social : il reste des spectateurs pour compter les points et ce sont les victimes privilégiées de tous les mensonges. C'est pourquoi le microcosme est en général l'objet d'un choix : un microcosme n'est pas un ghetto dans la mesure où le ghetto est un ensemble clos contraint, obligé, forcé, rejeté ailleurs.

Nous sommes, dit-on, dans une société de communication : les mondes n'y coexistent pas sans relations. Ainsi chaque microcosme doit-il défendre son image externe. Tandis que l'image interne demeure sans illusions, soit en connaissance de causes ou de jeux bien réglés, soit par aveuglement sur la nature même du petit monde, il est essentiel de « faire croire », de « donner le change », d'utiliser une « langue de bois ». Chaque microcosme sait bien qu'il n'est pas tel qu'il paraît, mais la différence, le mensonge sont nécessaires. Ils garantissent l'existence même.

Enfin chaque microcosme est un système ; et comme tel, sa description sociologique exigerait donc les outils nécessaires à l'étude de tout système : une *théorie des éléments* — réponse à la question « qui sont les microcosmiens ? » —, une *théorie des relations entre les éléments* ou des chemins qui mènent des uns aux autres — réponse à la question « comment circule-t-on dans le microcosme ? » — et enfin une *théorie de l'intégration* — réponse à la question « comment définir l'intérieur et l'extérieur ? ». C'est un programme de recherche pour monographes tranquilles.

Mais il convient de revenir sur les types de mensonges engendrés par les microcosmes qui ont un impact sur notre vie démocratique. Le concept de mensonge est d'ailleurs plus ou moins pertinent, car la parole évolue entre leurres et mensonges.

Le microcosme engendre souvent un discours complexe dont la clarté échappe au grand public. Par exemple, face au problème des accords du GATT, les déclarations de chacun sont doublement déterminées par le lobbying agricole et par les jeux politiques du microcosme parlementaire. La pire des situations où peut se trouver un de ses sous-ensembles s'est présentée. Pierre Bérégovoy fait une proposition dont la clarté est embarrassante : il demande le soutien de toute l'Assemblée pour donner l'image d'une France unie face au danger américain. Les paysans ne peuvent qu'approuver. L'opposition est coincée : déchirée entre le soutien agricole dont elle a besoin et les jeux microcosmiques, elle s'embrouille dans des argumentations comprises d'elle seule. On pourrait multiplier les exemples de ce type, comme le premier refus socialiste de constituer la Haute Cour. La vie politique se passe ainsi souvent à tendre des pièges dans lesquels le discours public et les exigences microcosmiques deviennent contradictoires.

Mais il va de soi que, dans les cas graves, le microcosme peut se retrouver uni face aux regards inquisiteurs du peuple. Ainsi, quand André Laignel se vit sottement mettre en cause par un élu local pour avoir fait restaurer sur un budget local l'appartement parisien de son épouse, on s'empressa de faire taire cet élu, car trop d'hommes politiques auraient couru le risque d'exhiber les conditions de logements qui leur sont parfois attribués par leurs adversaires politiques eux-mêmes. On attend toujours la publicité des biens possédés par nos élus, publicité qui a pourtant fait l'objet de multiples promesses par fort vent debout.

Les microcosmes ne sont pas une fatalité ; il serait donc déprimant de s'en tenir à la seule description critique. Face aux enjeux contemporains de tous ordres — Europe, démocratie, intégration, développement, environnement, etc. —, des impératifs s'imposent dès lors que notre société est désormais confrontée, dans tous ses actes et représentations, à la conduite du changement. L'intelligence des microcosmes permet de comprendre les causes qui nous déterminent ; nous pouvons en être plus libres pour nous engager à l'ouverture, à la circulation, et plus généralement à ce que Teilhard nommait une « décentration » vers l'Autre. L'entreprise française nous en donne quelques exemples : en cherchant à introduire le concept de *client*, son Autre, dans son microcosme particulier, elle a parfaitement saisi l'urgence de l'Autre pour ses performances et ce qu'elle appelle du beau nom de *qualité*.

Pour en revenir à notre propos plus strictement politique, la catégorie du microcosme est particulièrement pertinente. Peut-être faudrait-il ajouter « parisien » : s'il existe en quelques cités d'autres petits milieux sous-microcosmiques, l'essentiel du microcosme politique se joue à Paris. Cette notion permet d'expliquer certaines absences du pouvoir qui prennent la forme de mensonges contraires à notre vie démocratique.

Le vie du microcosme pourrait se distribuer en trois types de soucis inégalement distribués, si l'on excepte cette part, essentielle pour certains, que constitue la communication externe à travers les médias : les luttes à l'intérieur du microcosme politique dans son ensemble, entre organisations de l'ensemble ; les concurrences à l'intérieur de chaque organisation ; les batailles pour occuper le pouvoir dans des organisations externes au microcosme, de type associatif par exemple. Ajoutons à cela les occupations médiatiques, et la vie d'un homme politique déborde déjà de tous côtés sans qu'il lui reste un moment pour consulter, voire écouter, ses concitoyens. Le microcosme est certainement l'élément de la vie politique qui produit cette distance infinie entre le citoyen et lui. Le microcosme est abstrait dans tous les sens du terme : l'homme politique s'abstrait de la société quotidienne et ses réflexions, de plus en plus rares, deviennent d'une telle abstraction qu'elles ne rencontrent que par hasard le souci des citoyens.

Le microcosme crée le marché des sondages d'opinion : le concept de « sondage » y est particulièrement bien adapté ; on envoie une sonde à l'extérieur, dans les profondeurs, ce qui permet d'obtenir des informations sur ce monde étranger qui devient étrange : il faut quand même s'informer sur l'extérieur qui donne la légitimité formelle. Ces informations quantitatives tétanisent les anciens apôtres du changement quand le commentaire des sondages se substitue à l'esprit critique d'antan. Il faut un séisme pour que le politique sorte de son microcosme et fréquente hardiment la population bariolée du stade Charléty. Désormais les sondages s'occupent des données macrosociales tandis que les envoyés spéciaux filment des banlieues incendiaires. On raconte qu'un conseiller du Prince aurait été pris de panique en traversant, un soir d'hiver, Aubervilliers désert. D'autres, questionnés à *l'Heure de vérité*, parlent des chômeurs et du malaise des banlieues comme ils le feraient des Papous ou des aborigènes d'Australie.

Et pourtant le microcosme est un élément typique de nos démocraties. Ce n'est pas une bureaucratie comme on en connaît ailleurs. C'est un monde qui se constitue sous la pression des exigences formelles d'une démocratie trop laxiste envers le corps politique : le cumul des mandats permet toutes les vicariances. Nous ne sortirons du microcosme que si le risque est réintroduit comme une composante intégrée de la vocation politique. Douze ans après l'échec de 1981, on peut s'inquiéter de ce que sont devenus la plupart des responsables de la droite d'antan : combien sont-ils à avoir pris l'air ? Combien sont-ils à s'être replongés dans la vie économique et sociale ?

L'idée d'appeler dans des ministères des personnages de la société civile pouvait, à certains égards, faire sourire ; elle suggérait elle-même l'aveu microcosmique. Mais elle était en même temps très juste ; pour la population microcosmienne, ces personnalités viennent vraiment d'ailleurs. On a vite vu à quel point elles peinaient à s'intégrer dans ce petit monde dont le lexique, la rhétorique et les lenteurs protocolaires leur étaient trop exotiques.

Mais dans chaque ville, dans chaque organisation de base, le microcosme existe sous la forme d'une coupure par rapport aux préoccupations communes des personnes. Par exemple, pour maints citoyens, l'adhésion à une fédération de parents d'élèves exprime un souci de suivre la vie de l'école et de mieux comprendre la vie quotidienne de leurs enfants. Vus des cellules politiques locales, où que ce soit en France, les objectifs sont bien différents : un comité de parents est un enjeu de pouvoir dans un territoire et les adhérents de tel ou tel parti sont littéralement délégués pour prendre en main le comité d'un collège ou d'une école primaire. Suivant les cas, il s'agit surtout d'enlever ce pouvoir au parti communiste, aux socialistes ou à d'autres, mais la lutte est plus ancienne et plus préoccupante à l'intérieur de la gauche elle-même. Toutes les déclarations, les candidatures, les répartitions de responsabilités sont orientées par ces soucis microcosmiques et, de ce fait, la plupart des parents ne comprennent pas bien ce qui se passe aux assemblées générales et sont totalement impuissants, impliqués dans des actions ou opérations qui taisent toujours leurs mobiles politiques.

On pourrait prendre de multiples exemples, dans les sections syndicales, dans les associations de quartier, dans les comités de défense : très tôt, très bas dans la pyramide politique, les microcosmes ont déjà leurs petits jeux qui occupent le temps des militants. D'ailleurs tous ceux qui ont traversé les partis dans les structures de base savent à quel point la réflexion politique y est rare et les minuscules opérations tactiques fréquentes.

Cette situation empire naturellement dans les organisations politiques où coexistent différents courants, car ces luttes se doublent de combats internes, ce dont le parti socialiste est la caricature. De l'extérieur, on imagine mal à quel point les luttes de tendances occupent le temps des sections et fédérations. Ainsi la société se réduit-elle alors à un microcosme dérisoire qui se coupe radicalement du monde dans lequel il évolue.

La vertu républicaine contre les mensonges de l'argent

La relation de l'argent à la démocratie a toujours été une question abordée dans les grandes théories politiques. Sa situation n'est pas dénuée de complexité. En effet, nous constatons que la démocratie sied aux pays développés et nous pensons généralement qu'il faut pouvoir « se payer » cette forme de gouvernement : son fonctionnement, son administration, l'instruction qu'elle suppose chez les citoyens, tout ceci coûte cher. Le constat géopolitique est clair : les démocraties qui fonctionnent le mieux et qui sont assumées comme telles sont les institutions des pays les plus riches. Il peut rester ici ou là des résidus de monarchie décorative, mais tous les pays développés ont adopté le suffrage universel et revendiqué la démocratie comme le fondement de leurs institutions. Quelques cas sont particulièrement frappants, comme le Moyen-Orient où il est clair que seul Israël jouit d'une réelle vie démocratique.

Pourtant, la plupart des théories politiques insistent sur la frugalité nécessaire à la démocratie. Il semble à Montesquieu, comme à d'autres, que l'accumulation des richesses n'est pas compatible avec la république démocratique.

Platon pense même que l'oligarchie, comme système de gouvernement des riches, engendre par réaction la démocratie qui tient au nivellement avec acharnement. Il est vrai que dans une économie frugale les fossés se creusent moins aisément et le principe général de l'égalité paraît plus facile à respecter. Ces deux constatations, l'une théorique, l'autre descriptive, sont-elles contradictoires ?

Nullement, elles sont même cohérentes, car les philosophes raisonnaient davantage en termes de droit qu'en termes de fait : Montesquieu, par exemple, ne s'interroge pas sur les lieux de la démocratie, mais sur les conditions d'une survie effective, conforme à son concept. C'est la vie démocratique qui semble presque incompatible avec une richesse trop grande. Les questions qu'ils posent sont de deux types : comment faire vivre la démocratie si de fortes inégalités, nécessairement engendrées par la richesse, la parasitent de tous côtés ? Et comment maintenir les dirigeants élus à l'abri des tentations dans une société où les richesses seraient à profusion ?

Ces deux questions sont en fait compatibles avec ce que nous constatons quotidiennement dans notre démocratie. En affirmant qu'au cœur de la république démocratique la *vertu* — désignée comme son âme, son ressort, son principe ou sa passion dominante — est nécessaire, Montesquieu n'écrit pas autre chose : « Cet extraordinaire que l'on voyait dans les institutions de la Grèce, nous l'avons vu dans la lie et la corruption de nos temps modernes. » La vertu vient pour lui du sentiment très fort d'appartenir à une collectivité, par-delà tous les égoïsmes, comme l'enseignaient si bien nos manuels d'instruction civique et morale au début de la IIIe République. La vertu est un sens de l'État qui anime — puisque c'en est l'âme — toute la société, « un renoncement à soi-même qui est toujours une chose très pénible ». Comment dire autrement que la démocratie est une exigence ? Sans cette vertu partagée, la démocratie se ment à elle-même : « Ce qui était *maxime*, on l'appelle *rigueur* ; ce qui était *règle*, on l'appelle *gêne* ; ce qui était attention, on l'appelle *crainte*. »

La démocratie est mensongère si elle n'aborde pas de front la question de l'argent, sous les deux aspects de ces interrogations. Dans les inégalités contradictoires avec la démocratie, c'est d'abord l'argent que l'on n'a pas qui importe ; puis celui que l'on gagne en vendant un pouvoir. La démocratie ne diabolise pas l'argent, mais elle le craint sans cesse comme force centrifuge — soit qu'il développe un individualisme qui lui est insupportable, soit qu'il devienne une monnaie d'échange pour les pouvoirs qui y sont délégués.

Comment la vertu serait-elle possible si l'on a le sentiment d'être exclu ? Une société qui fabrique des exclus ne peut en faire des démocrates. Le raisonnement n'est point là sociologique, ni même humaniste, mais strictement politique. L'essence de la démocratie, c'est de produire et de reproduire des citoyens. Mais entre le microcosme, le pouvoir, les médias et les nouveaux ghettos d'exclus, la distance est telle que notre démocratie semble bien menacée. Il ne s'agit pas d'imaginer une poudrière ou de prévoir sur le long terme, voire d'annoncer des séismes sociaux. Le problème n'est pas seulement dans le calcul d'intérêt à moyen ou long terme, il est au cœur du concept même de la démocratie. Celle-ci ne saurait donner toutes les garanties de revenu ou d'égalité financière entre les citoyens, mais elle ne peut formellement engendrer des populations entières d'exclus, quand bien même ceux-ci seraient très minoritaires. Sinon elle entraîne « la juste irritation contre ceux qui se servent de la phraséologie libérale pour défendre des privilèges antisociaux » (Hayek).

D'une certaine manière, d'ailleurs, moins les exclus sont

nombreux et plus ils sont exclus. La démocratie perd son sens dans leurs consciences sceptiques et leurs comportements violents. Loin de tous les pouvoirs, de tous les microcosmes, ils ne connaissent plus que la rhétorique de la violence : la seule qui assure un passage au journal de vingt heures. On connaît maintenant le Val-Fourré, les Minguettes et Vaulx-en-Velin. Autant la liberté de manifester, dans son exercice même, comme pression de la rue, est une preuve de santé pour la démocratie, autant les violences sauvages aux limites de la délinquance sont pour elle un symptôme de maladie.

Deuxième interrogation : comment la démocratie serait-elle possible si la délégation par les urnes ou le service d'une collectivité territoriale ou nationale donnent de nouveaux pouvoirs monnayables ? Chaque journée nous apporte une nouvelle affaire qui concerne indifféremment tous les partis. Le parti au pouvoir est toujours le plus menacé parce qu'il est plus tenté, mais aussi parce que les pouvoirs se monnaient au prorata de leur puissance. Aucune démocratie n'est sérieusement compatible avec ces pratiques : il faut le dire et ne jamais céder sur ce point. D'ailleurs, de par le monde, les pays qui ont des ambitions démocratiques, tout en se disant tels, sont certainement ceux où la corruption est le moins développée.

Montesquieu récusait la dimension strictement morale de son concept de vertu, mais il le faisait car les monarchistes s'indignaient qu'il n'en ait pas fait le principe de la monarchie. Évidemment la démocratie implique des conséquences morales, et le mot « vertu », même dans l'acception de *l'Esprit des lois*, ne saurait y échapper. On ne peut impunément attaquer sans cesse l'État et ses fonctionnaires pour espérer ensuite qu'y subsiste ce sens de l'État qui nous est indispensable, à nous, démocrates. On ne peut non plus déresponsabiliser le corps des fonctionnaires en les suspendant aux caprices des politiques dont les cabinets sont peuplés. Car le sens de l'État est réellement la vertu dont nous avons besoin pour équilibrer les ambitions et tous les désirs de pouvoir. Il est des hommes pour qui la brigue n'a point de secret mais qui, une fois en position de pouvoir dans l'appareil d'État, comprennent l'honneur de la fonction et ses contraintes évidentes.

La démocratie n'existe pas sans l'État, ses fonctionnaires et son service public, soit le legs de la république. L'État est le garant de la cohésion nationale, de l'identité nationale et du long terme : il est l'Institution par excellence. Même si le concept de la démocratie n'enveloppe pas une définition précise des frontières de l'État, nécessairement variables selon les mœurs et les traditions singulières, il induit un respect de l'État républicain. Or il existe un cercle vicieux qui menace notre démocratie : en déconsidérant l'État dans tous ses éléments comme dans toute ses interventions, un discours mensonger devient pousse-au-crime et, le crime commis, en prend derechef argument pour dénigrer encore davantage l'État proscrit.

Le drame du sang en est un terrible exemple : nous y avons souffert de l'absence du pouvoir, d'un État insuffisamment présent, d'une faiblesse dans l'administration de la Santé, et non pas d'un système bureaucratique toujours facile à dénoncer. De ce point de vue, il faut réaffirmer que les premières décisions de la droite, en 1986, reflètent une vision purement idéologique des faits : en allégeant la tutelle sur la Fondation nationale de la transfusion sanguine, elle montre un aveuglement terrible. Elle laisse se développer au sein d'un organisme reconnu d'utilité publique une logique financière incompatible avec la fonction. Certes l'État vit sous des contraintes financières, de nature budgétaire, mais il doit être l'institution que l'argent ne saurait attaquer par aucun bout. La démocratie souffre d'une maladie mortelle quand l'argent y répand ses mensonges. Le mensonge est le nerf de la corruption ; qu'elle ait des fins publiques ou personnelles importe peu. L'amnistie joue d'une distinction arbitraire ; mais même si nous admettions des variations de culpabilité, le mensonge, au cœur de toute corruption, dévoie le sens même de la démocratie. Comment pourrait-on admettre qu'on nous mente sur la destination de nos contributions directes et indirectes ? Quand l'argent corrompt la vertu du politique ou du fonctionnaire, l'État démocratique cautionne tous les mensonges et toutes les fraudes. Il perd son aurorité pour ne garder que son pouvoir, un pouvoir désormais déraisonnable. Une dangereuse méfiance se répand dans une démocratie malade.

Dans une autre mesure, il n'est pas possible de soumettre tous les services publics au seul critère de la *rentabilité*. On peut les vouloir plus *efficaces*, c'est-à-dire imposer qu'ils produisent tous leurs effets, mais, ou bien des services méritent d'être publics et ils doivent alors échapper à cet étalon solitaire, ou bien ils ne méritent pas d'être publics et l'on voit mal pourquoi ils le sont. Même s'il est tout à fait logique que le financement d'un service public soit en partie assuré par ceux qui l'utilisent, il devient contradictoire que les utilisateurs deviennent des « clients » comme pour n'importe quelle entreprise. Sinon, il est probable qu'une entreprise privée, dégagée de contraintes spécifiques, réussira mieux et obtiendra de meilleurs prix qu'un service public. Si le citoyen est réduit au rôle de client, le service public n'a plus pour seul objectif que d'assurer la sécurité de quelques fonctionnaires, en cela privilégiés.

Il s'agit donc pour l'État de réfléchir à sa propre identité. Nous sommes depuis quelques années, dans la plupart des pays démocratiques, envahis par les discours d'une nouvelle idéologie économiste qui fait de l'État le bouc émissaire de tous les maux sociaux et financiers. Cette vague passée, il serait temps d'examiner l'identité de l'État dans un système économique dont nous savons qu'il est dominé par le marché, c'est-à-dire en grande partie par les mouvements de capitaux, de biens, de produits et donc d'argent.

La liberté économique n'aurait pas de sens — puisqu'elle n'est jamais une fin en soi — si elle n'était encadrée ou bordée par un État solide : « Rien n'a sans doute tant nui à la cause libérale que l'insistance de certains libéraux sur certains principes massifs, comme avant tout la règle du laisser-faire » (Hayek). Or la démocratie française vit une époque troublée, en grande partie parce que son État y a été constamment fustigé, politisé, colonisé à outrance. L'État est aujourd'hui l'objet de tous les mensonges : d'un côté, il pourrait être défendu pour des raisons seulement corporatistes par des syndicats qui y trouvent des adhérents plus nombreux qu'ailleurs ; de l'autre il pourrait être attaqué par des libéraux empressés de s'enrichir avec ses meilleurs succès. Le même raisonnement peut être tenu sur les organismes publics ou parapublics : où est la démocratie dans la gestion des caisses de Sécurité sociale ou d'allocations familiales ? Il n'y a qu'un pactole pour les organisations syndicales. Mais les idéologues libéraux songent-ils vraiment à mettre en cause notre système de protection sociale ? Les uns entretiennent souvent les autres dans le mépris de l'État. Qu'on ne s'y trompe pas : l'essence de la fonction politique étant d'être un service public, il ne faut guère s'étonner que les attaques répétées contre cette notion de service public aient dégradé jusqu'à la fonction politique elle-même.

La démocratie passe par l'État, c'est-à-dire par une sphère qui échappe au marché, sur laquelle l'argent devrait avoir comme seule prise la réalité du budget de la nation. Mais cette relation à l'argent ne peut dispenser d'une réflexion sereine sur l'identité de l'État et des services publics qu'il assure. Le vice de l'État consiste souvent à faire perdurer des structures qui n'ont plus de raison d'être, sous l'effet naturel d'un principe d'inertie ; Pierre Guillaumat aimait à dire, avec quelque ironie, que si l'on avait mis en place un Commissariat à l'énergie charbonnière, il n'y aurait jamais eu de Commissariat à l'énergie atomique !

Les lois de décentralisation ont sans aucun doute permis un rapprochement de l'État et du citoyen, mais on a également mesuré les dangers d'un transfert de pouvoirs qui ne s'accompagne pas d'une conscience des responsabilités : la plupart des affaires de corruption partent de pouvoirs encore jeunes qui sont assumés par des hommes tout étonnés de leur puissance nouvelle. Or le sens de l'État dépasse la structure de l'État lui-même ; toutes les collectivités territoriales exigent la même vertu. Peut-être a-t-il manqué à cette réforme une réflexion liminaire sur ce point. En effet, une réflexion sur l'identité de l'État dans une économie de marché ne peut s'abstraire des moyens dont dispose l'État, et notamment de ses moyens en hommes soucieux de son service. L'embauche massive de fonctionnaires est une chose ; la diffusion des responsabilités en est une autre.

Il serait bien présomptueux d'esquisser ici les frontières réalistes d'un État moderne, mais il serait désastreux que nos politiques, sous l'effet de modes nouvelles ou d'idéologies archaïques, se dispensent d'un exercice de réflexion qui associe le plus grand nombre. La gauche a souvent dénoncé la vente de l'État par appartements dans ce qu'on appelait les privatisations. L'équilibre du budget de l'État grâce à l'apport financier résultant de ventes même partielles constitue une réflexion bien légère pour de pareils enjeux. Sans critiquer telle ou telle mise sur le marché, il est clair que la démocratie ne peut se permettre un tel opportunisme, et il est probable que l'économie supporterait mal des aller et retour dans et hors du giron de l'État. L'important aujourd'hui n'est pas de vendre ou de ne pas vendre, c'est d'intégrer ces processus dans une réelle conception de l'État moderne. Or il semble que bien des repères aient été perdus. L'État vaut mieux qu'une tactique budgétaire. Il mérite le temps d'une réflexion qui devient de plus en plus rare.

Le secteur de l'audiovisuel a particulièrement pâti de ces improvisations : l'abandon des convictions a réduit au mensonge les déclarations de toutes les organisations politiques. En 1981, la gauche veut libérer les radios, ce que refuse absolument la droite. Puis celle-ci veut privatiser une chaîne de télévision, ce que refuse la gauche qui elle-même offre une chaîne privée à André Rousselet puis une autre à Silvio Berlusconi. Et tandis qu'on ne sait plus du tout ce qu'est l'identité d'un grand service public de l'audiovisuel, l'État crée Arte, sans aucune consultation. Dans une démocratie tout ceci ne fait pas sérieux : en substituant au télespectateur-citoyen le client-annonceur, le service public ne trouve plus son identité que dans sa prosaïque demande de subvention au budget de l'État. Sa seule différence par rapport à la télévision privée n'a rien qui intéresse ni ne soucie le démocrate ; aujourd'hui, quand la télévision publique est mise en concurrence directe avec elle par son client-annonceur, il ne lui reste plus qu'un privilège : elle a le droit de moins bien réussir que ses concurrents privés, puisqu'elle peut colmater les trous financiers en recourant à l'État.

« Le froid des monstres froids », « le plus menteur », « puissance immense et tutélaire » : de Nietzsche à

Tocqueville, des penseurs très divers ont redouté pour nous les développements et débordements de l'État. Sans arguer de ses succès ni de ses échecs, il faut y reconnaître un enjeu démocratique fondamental qui ne peut rester à l'écart des pensées et partis politiques de notre temps. Qu'on l'adule ou qu'on le méprise, l'État est, depuis des années, l'objet de toutes les calomnies. La démocratie se doit de les éviter.

L'État est pourtant un des derniers remparts contre l'argent roi. Certes il manipule des sommes colossales, mais dans la transparence budgétaire contrôlée par le Parlement. Quand il n'impose plus le respect, c'est qu'il ment, c'est-à-dire qu'il contredit son propre concept dans la démocratie. Dès que le moindre pouvoir devient sonnant et trébuchant, l'État ne peut connaître que la répression la plus inconditionnelle, sans circonstances atténuantes. Le corrompu contamine ; le corrompu est le vecteur le plus puissant du mensonge qu'enveloppe sa corruption. Cette faute ne s'amnistie pas, ni dans l'État centralisé, ni dans l'État décentralisé, ni dans le microcosme qui l'occupe à des postes de direction ou de contrôle. Nous venons de vivre une décennie où les amitiés particulières ont été protections contre la répression légitime, au risque de décourager les vocations vertueuses. La démocratie est une exhortation permanente à la vigilance : « Ce ne sont pas seulement les crimes qui la détruisent, mais encore les négligences, les fautes, une certaine tiédeur dans l'amour de la patrie, des exemples dangereux, des semences de corruption. » Ces remarques justifient l'importance que Montesquieu accorde aux censeurs, dans la république démocratique.

Il n'est un secret pour personne que, même en démocratie, le pouvoir traîne avec soi un cortège de privilèges dont il est bien difficile de se passer. Les multiples anecdotes sur l'utilisation des avions du Glam, l'abus des théories de motards ou les charmes de l'hôtel de Lassay montrent que, en dehors de tout monnayage du pouvoir, son attraction n'est déjà pas négligeable. « Une âme corrompue par le luxe a bien d'autres désirs que la gloire de la patrie et la sienne propre », constatait déjà *l'Esprit des lois*.

Quand l'argent s'interpose entre le pouvoir, les nouveaux médias et les divers microcosmes, il produit une explosion des mensonges : on dissimule ce que l'on achète ou que l'on vend — un pouvoir, une autorisation de mise sur le marché, une information financière, un permis de construire, une signature, un passage à l'antenne, une commission occulte, une valise d'argent liquide, l'implantation d'un hypermarché, la priorité dans un appel d'offres, un contrat de complaisance. Toute la société est alors contaminée par le mensonge rampant. Les rencontres se font en Suisse, sur les yachts d'intermédiaires douteux, dans les sombres vestiaires d'un stade municipal, pour prendre quelques exemples récents. L'argent liquide, illicite et tentant, passe entre de multiples mains autrefois innocentes. Il faut mentir sur sa provenance comme sur sa destination, trouver les complicités nécessaires. Le corps social frissonne tout entier, malade d'une saine fièvre. Mais déjà on entend les sophistes, si peu soucieux de la démocratie, nous annoncer que tout ceci est normal, l'a toujours plus ou moins été, et qu'irrémédiablement nous rejoindrons d'autres modèles étrangers où, dans la vie politique, après le sport, l'argent fera la loi.

Alors Liberty Valance pourrait, en toute impunité, troquer son fouet contre un carnet de chèques, rageusement déchirer le serment de Théophraste, gagner son élection à coups de spots publicitaires et, dans un grand éclat de rire, racheter le journal de Dutton Peabody, le cactus de

Doniphon et la vertu de Miss Hallie. Si nous nous résignions à ce cours du monde, la maladie de la démocratie en serait à son dernier stade, irréversible. Ce n'est pas encore le cas aujourd'hui.

III

RÉDUIRE LE MENSONGE POUR GUÉRIR DE LA DÉFIANCE

Limiter les absences du pouvoir

La démocratie est aujourd'hui en difficulté. Tiraillée en tous sens, elle ne sait plus à quel démon se vouer. Le pouvoir et la communication ancillaire épuisent leurs dernières cartouches. Mais, comme il existe toujours des stocks derrière les fagots, il est possible que de mauvaises habitudes se gardent comme autant de repères : là où l'empirisme règne en maître, il est difficile de prendre quelque distance. En politique les années sabbatiques se font très rares, tant elles sont vécues comme une désaffection. Quand de beaux Mémoires peuvent être écrits, on se satisfait d'une traversée du désert qui porte à la méditation — pourquoi d'ailleurs le désert doit-il toujours être *traversé*, quand on pourrait plus simplement y prendre ermitage pour quelque temps ? On pourrait suggérer à nos hommes de pouvoir d'éviter le désert et de séjourner quelque temps dans une cité de Goussainville ou au Val-Fourré.

La politique est difficile dans la démocratie. Il reste toujours ce peuple, irréductible, à la fois lointain — car on y a peu ses habitudes — et proche — car il vous fait roi et vous défait. Les sondages donnent l'illusion de connaître une opinion publique quand l'essentiel est ailleurs, dans la connaissance de l'Autre. Or c'est l'expérience de l'altérité qui fait le plus défaut aux hommes politiques. Entourés de conseillers en communication, de relations partisanes ou d'adversaires homologues, les politiques contredisent l'ambition démocratique. Le peuple est toujours ailleurs et c'est en ce sens qu'il faut comprendre la fameuse coupure qu'on voit s'affirmer tous les jours entre lui et le monde politique. La contradiction n'est pas facile à résoudre car le microcosme naît de la démocratie elle-même. Ce n'est pas une fatalité, mais c'est au moins une grande probabilité. L'énergie, le temps, les soucis sont accaparés par ce que l'on appelle la vie politique. On n'en sort que par des subterfuges illusoires. La vie politique se vit sur un train qui fait nécessairement oublier le peuple. Ainsi l'homme politique vit-il toujours au-dessus de ses moyens, jusqu'à en oublier les fins de la démocratie et prend-il difficilement congé des lambris et des belles demeures de l'État.

Le pouvoir n'est pas dans cette distance. Il est dans la nature du politique et il serait aussi présomptueux de l'en vouloir débarrasser que de vouloir demander à un rapace de devenir agneau en l'accusant de sa rapacité. Essence du politique, le pouvoir ne sera jamais assumé comme tel par les hommes politiques dans une démocratie. C'est comme cela, il faut de nécessité faire loi.

En partant de cette donnée élémentaire mais inavouée, il convient de créer les conditions nécessaires et suffisantes pour que la mission politique ne se réduise pas à la conservation du pouvoir. Car on ne peut en douter : la logique du pouvoir, dans la sphère politique, conduit à l'exercer jusqu'au bout, au prix de trahisons ou de compromis. Même sonné sous les coups, le pouvoir en place attend la dernière reprise.

Non seulement il est vain de rêver d'un monde politique sans désir de pouvoir, mais il n'est jamais bon d'abuser du langage de la vérité. C'est d'ailleurs plus un métalangage qu'un langage. Depuis le « parler vrai » de Michel Rocard — qu'un peu de modestie suffirait à nommer le « parler sincère » —, on disserte sur les « vraies questions » : Guillaume Durand, au beau milieu de son Barnum, utilise l'expression jusqu'à satiété dans son émission dont le style bannit irrémédiablement les « vraies réponses ». Il en est de la vérité comme de la vertu ou de l'éthique : mieux vaut faire que dire. Dès qu'un émetteur politique affirme dire le vrai, la vertu ou l'éthique, il fait naître quelque soupçon. Ce devrait être une règle de communication politique que d'éviter le métalangage sur la communication.

De manière générale, les politiques ont désormais à privilégier la communication directe, celle qui passe par le corps. La communication commence par l'écoute, discrète et attentive. Le jeu médiatique qui consiste à occuper le devant de la scène, soit dans des émissions *ad hoc*, soit dans des expéditions conçues pour le journal télévisé, mérite d'être strictement limité. Je ne saurais affirmer qu'un tel comportement est nécessairement rentable ni qu'une telle vertu permette de gagner à tous les coups : la discrétion est une attitude risquée ; très vite on s'interroge sur un ministre qu'on n'entend pas. Pourtant ce me semble une évidence pour les jours à venir : il faudra entendre pour être entendu et plus veiller à écouter qu'être obnubilé par son taux d'écoute. La condition d'une bonne mission politique, c'est d'abord d'écouter ses « administrés ». Bien sûr, la voie est plus longue, plus ardue, moins confortable, moins efficace à court terme. Mais il s'agit d'abord de connaître la cité et les citoyens.

Les ministres et les hommes politiques devraient moins

recevoir et se déplacer plus, dans la confidence et la discrétion. Ils pourraient ainsi faire l'économie des effets d'imagination dont parlait Pascal et qui sont surtout des effets de distance. Mieux vaudrait rencontrer des familles d'hémophiles à l'écart des caméras que d'exprimer sans cesse sa tristesse distante dans une componction peu crédible. La vérité des propos passe d'abord par la vérité des relations. Cela suppose du temps et des sacrifices. Mais si l'on est responsable de son administration, il faut d'abord commencer par la connaître intimement. Dans quelques entreprises, comme l'Oréal ou Michelin, les jeunes recrues sont contraintes d'effectuer de longs stages « sur la route » ou « dans les usines ». Si l'entreprise ne peut être un modèle dans ses concepts, certaines donnent quelques exemples dans leurs pratiques. Il est malsain de vouloir s'installer immédiatement dans l'espace restreint de la décision : certes la décision est en harmonie avec le pouvoir et le rythme imposé par les médias. Mais, conçue de façon aussi réductrice, elle est contradictoire avec l'esprit de la démocratie. Les statuts d'élu ou les diverses délégations constituent déjà une mise à distance ; accroître cette distance par des cabinets pléthoriques, la présence des caméras, c'est-à-dire la multiplication des médiations, est une mauvaise affaire pour la démocratie. Et même si le responsable politique ne peut se transformer en chargé d'études, il doit vérifier sans cesse ce qui se passe effectivement dans son espace de responsabilité. Sans cette pratique, il est effectivement irresponsable. Les règles de sécurité ou les nécessités protocolaires sont des alibis peu sérieux, tout juste bons à être rangés au grenier du passé.

Responsabilité

Une telle démarche suppose que soit effectivement revalorisée la notion de responsabilité. Il ne suffit pas qu'elle le soit dans des occasions catastrophiques : il convient d'en préciser le contenu.

Une phrase de Jaurès a curieusement été prise comme devise du journal de la Confédération générale des petites et moyennes entreprises (CGPME). C'est une belle phrase qui pourrait contribuer à préciser la fonction du responsable politique : « Dirige celui qui risque ce que les dirigés ne veulent pas risquer. » C'est dire que le pouvoir implique un risque et ce risque, c'est précisément la responsabilité. Ce terme, investi de sens, peut être la norme de l'homme politique, une étoile polaire qui oriente l'ensemble de ses actes. Revenons sur l'essence du concept : être responsable, c'est avoir la capacité de répondre. Le terme est beau, car il désigne à la fois le fait de répondre de ses actes et d'en répondre au sens strict. Le verbe « répondre » désigne la reconnaissance des actes mais aussi une forme de communication. A l'époque où la déclaration, l'annonce, la petite phrase font fureur dans le triste jeu du politique et du médiatique, le verbe « répondre » constituerait une sorte de révolution culturelle. Il signifierait par exemple que le politique aurait pour tâche de *répondre* aux questions qu'on lui pose ; il supposerait une certaine passivité par rapport aux médias. Au lieu d'épuiser son temps et de s'épuiser en fréquentations insensées avec des journalistes complaisants, l'homme politique se donnerait alors pour tâche de répondre aux invitations, aux questions, aux sollicitations et non plus de poursuivre médias et acteurs des médias par attaché(e)s de presse interposé(e)s.

Cette règle définit un labeur. D'abord parce qu'elle ne sera certainement pas suivie par tous les concurrents. Ensuite parce qu'elle suppose de nouveaux comportements du côté des médias eux-mêmes. Mais peut-être les premières éclaboussures qui les souillent permettront-elles ces changements.

L'insistance sur la responsabilité n'est pas de l'ordre du discours. Quand bien même elle aurait peu d'effets sur la relation aux comportements passés, elle sonne comme un avertissement pour les vocations futures : ainsi chaque homme qui s'engagera dans une fonction politique connaîtra-t-il le risque qu'il court, à la mesure de l'honneur qu'il convoite. En revalorisant le concept de responsabilité dans la démocratie, sans le cantonner à l'entreprise ou à la famille, nous amenons le responsable à davantage se soucier de ce et surtout de ceux dont il doit répondre. Il devient impossible de se défausser sur une administration incompétente ou des subordonnés déficients. Et pour assumer leurs actes, il faut alors bien en connaître les conditions d'exercice, voire se battre pour qu'ils s'opèrent dans les meilleures conditions possibles.

Être responsable, c'est être responsable *de*, mais aussi responsable *devant*. Le jugement populaire, qui est souvent invoqué, relève de cette responsabilité devant les citoyens. Mais celle-ci reste encore insuffisante. En cas de faute grave, l'idée d'un jury populaire qui s'exprimerait par la seule voie du suffrage universel n'est pas pertinente. Ne pas être réélu est peut-être un désaveu — parfois injuste —, ce n'est pas un jugement. En effet, d'une part, une campagne électorale n'a pas la rigueur d'une instruction ; d'autre part, les raisons qui déterminent la sanction populaire sont très variables et peuvent aussi bien concerner un comportement individuel qu'un choix politique national. La justice est d'un autre ordre : elle a pour tâche de déterminer des responsabilités, au terme d'une minutieuse instruction. Le suffrage universel se contente d'affirmer qu'un autre candidat est préférable. Le concept de la responsabilité politique enveloppe des conséquences à la hauteur du désir qu'il suscite.

Frugalité électorale

On ne changera pas la politique par des discours ; elle se transformera elle-même par de nouvelles pratiques. Méfions-nous des conseillers en communication qui restreignent leur acception de la communication aux outils de communication — ce qu'on appelle les « supports » — et font ainsi d'une vertu louable un vice rédhibitoire. Les hommes politiques ne transformeront pas leurs relations avec les citoyens, ni ne réduiront le fossé croissant, si souvent déploré, par des améliorations rhétoriques : le lexique et l'argumentation sont insuffisants. « Faire plus simple », « plus concret », « plus près des gens » ne peut se réduire à quelques efforts de manipulation linguistique. Ce ne sont là que corrections marginales.

Il nous faut aujourd'hui le courage d'une législation profitable à la démocratie. Les hommes de publicité qui hantent les pouvoirs présents ou à venir ne cherchent pas seulement des clients, ils exercent un lobbying permanent. On ne résout pas le problème du financement des campagnes électorales en multipliant les contrôles ou en cherchant à tarir des sources fructueuses. Il me semble aujourd'hui nécessaire d'interdire toute publicité politique sous quelque forme que ce soit. Les campagnes publicitaires servent à pallier le manque de militants pour n'enrôler que des mercenaires, mais surtout elles ont deux inconvénients majeurs : elles instituent une véritable spirale dans les dépenses politiques et contraignent les hommes politiques à une rhétorique incompatible avec la démocratie : on conçoit que ce soient pour eux des exercices passionnants, mais ils ne jouent pas dans la même cour. La démocratie a plus besoin d'argumentations et de débats que de slogans. Je suis certain que « La force tranquille » et « Génération Mitterrand » nous feront au mieux sourire dans quelques années ; au pire, nous en serons honteux. Quand, après une campagne présidentielle, ils s'esclaffent en disant d'un homme d'État dont le « score » a déçu : « Ce n'était de toute façon pas un bon produit », les autres candidats, plus chanceux, ne devraient pas se sentir flattés du compliment inverse. Nos hommes politiques qu'on dit justement d'excellente qualité sont réduits à l'énoncé de balivernes. Ce n'est pas publiphobie que de vouloir éviter la dégradation du débat politique et la course irrésistible aux financements occultes. Les publicitaires ont leur métier, leurs produits, leurs clients. Ils se justifient pleinement dans une économie de marché. Ils ne sont d'aucune nécessité dans le champ politique. Le renouveau de notre démocratie passe ici par leur silence.

On ne peut nier les contraintes rhétoriques : elles sont aujourd'hui très lourdes. Les campagnes électorales officielles, comme les débats télévisés, supposent un savoir-faire. On reconnaîtra aisément qu'il est stupide de gâcher de bonnes idées par une mauvaise expression ou une communication maladroite.

Mais au-delà, l'action politique oblige à pratiquer une

communication *insupportable*, c'est-à-dire une communication qui ne passe pas par la seule médiation des *supports*. La plus directe possible, elle est la condition première de la relation entre l'homme politique et le citoyen, d'homme à homme. Plus qu'un connaisseur de sondage ou un personnage de télévision, l'homme délégué par les citoyens de la république devrait être l'ethnologue de son propre territoire, qu'il s'agisse d'une administration, d'une région, d'une circonscription, ou d'une commune. D'ailleurs, même si le changement d'échelle rend l'analogie en partie illusoire, nous pouvons reconnaître dans l'action de certains maires de nos villes et villages le modèle du lien toujours étroit avec le peuple mandant. Cette relation et cette communication réduisent les mensonges qu'induit la distance. Certaines techniques de communication passent pour « économiques » en ce qu'elles permettent des relations sans une excessive dépense d'énergie : par les achats d'espace, par la conception de slogans, par mille petits supports tactiques, on fabrique une communication de surface dans laquelle la relation entre l'émetteur politique et le récepteur citoyen demeure à sens unique. Outre que les contenus s'y appauvrissent, la représentation du citoyen est faussée et le politique raisonne à l'écart de ce dont il prétend avoir la responsabilité. Il convient aujourd'hui de fuir tous les marchands d'illusions et de mensonges dispendieux.

Que vive la politique !

La politique est une grande activité : « C'est la plus haute expression de la charité », disait le bon pape Pie XI. Il voulait dire par là que l'action politique peut être, en certains domaines, la plus efficace. Quand le pouvoir ne s'absente pas de la société, quand il s'y implique et se donne pour tâche d'agir sur elle et pour elle, une seule mesure et une seule décision peuvent faire beaucoup plus que l'addition de milliers de volontés individuelles. Les congés payés ou plus récemment le RMI sont de belles actions, efficaces, qui donnent toute sa valeur à la décision politique. C'est là un des paradoxes de l'action politique : elle s'enlise souvent dans de multiples petits actes où l'énergie se perd tandis qu'elle peut, dans d'autres instances, avoir une efficacité qui dépasse de loin l'addition de milliers de volontés individuelles. La définition de Pie XI exalte la politique dans ce qu'elle a de plus honorable, sa vocation de service public.

En effet, le rôle de l'homme politique est inséparable d'une bonne définition du service public. Quels que soient son pouvoir et son désir de pouvoir, l'homme politique est, par essence, en position de service public. Quand le concept de ce service part en quenouille, quand il est l'objet de toutes les attaques, l'homme politique perd ses repères. C'est pourquoi une redéfinition de l'acte politique passe par un travail de réflexion sur ce qu'est le service public. Même si les partis ont des statuts privés et des règles de fonctionnement conformes à ces statuts, cette notion leur est nécessaire pour penser leur identité et leur accession au pouvoir. Elle rejoint le « sens de l'État ».

Là se situe une autre responsabilité des hommes politiques et de leurs complices médiatiques. Ils sont aussi responsables devant les citoyens d'une dégradation inadmissible. Le cycle est-il aussi infernal qu'il y paraît ? Si chacun attend que l'autre arrête de jouer ce jeu catastrophique, faut-il désespérer ?

Mais la politique ne peut garder son sens et sa dignité que si les politiques ne se précipitent pas dans n'importe quelle représentation médiatique. Il est finalement anodin qu'un politique effectue une prestation dans un univers de variétés pour y plaisanter ; par contre, certains plateaux de télévision où sont évoquées de graves questions contredisent les conditions mêmes du débat ou de la discussion politiques. En caricaturant la démocratie, ces spectacles lui nuisent. Ils tentent de transformer le débat en événement pour l'intégrer à leurs propres pratiques. Cette concurrence entre les chaînes de télévision, doublée d'une concurrence entre les hommes politiques, en vient à contredire toute communication pertinente. Abusés par la puissance illusoire de l'image, ils perdent leur temps dans des prestations dérisoires et dans le long travail relationnel qui les y prépare.

Certes, il serait bien utile de légiférer sur l'audiovisuel, où se confondent toutes les acceptions de la liberté. L'une, justifiée, est utilisée pour défendre l'autre, injustifiée.

C'est souvent le sort du mot « liberté »: dans la confusion de ses usages, les médias profitent de revendications légitimes, qui concernent l'ouverture des marchés ou l'utilisation de techniques nouvelles, pour laisser entendre que c'est la même liberté qui est en jeu quand on parle de règles compatibles avec la démocratie. Comme le constatait déjà Hayek, à la suite de maints philosophes, on n'échappe nulle part au contenu du concept de liberté, lequel est inséparable de la démocratie que nous voulons ou que nous prétendons vivre. C'est-à-dire que la liberté — dont l'essence même est, partout, de s'affirmer dans des limites définies — doit être réglée par les conditions du débat démocratique. La liberté de blâmer n'est pas la liberté de mentir ou de tronquer la vérité. La liberté d'émettre n'est pas la liberté d'émettre n'importe quoi. La liberté de la diffusion n'est pas la liberté de la confusion. La liberté politique n'est pas la liberté de faire taire le politique. La liberté démocratique n'est pas la liberté de nuire à la démocratie. La déréglementation n'est pas le dérèglement.

Mais en la matière, outre l'application des cahiers des charges existants et avant toute législation plus stricte, il suffirait que, par un effet de consensus, les politiques refusent de faire n'importe quoi pour que les médias subissent enfin quelques contraintes de sérieux. C'est une échappatoire que d'envoyer des seconds couteaux dans les émissions de Guillaume Durand. De façon générale, il est temps que les politiques quittent les réflexes corporatistes concernant leurs avantages acquis et qu'ils acquièrent des réflexes de dignité concernant la sphère qu'ils représentent. Ce n'est pas impossible : les entreprises ont vécu les mêmes affres, il y a quelques années, avec une certaine « Nuit des entreprises » où leur ridicule était collectif. Depuis, sans qu'aucun code ni aucun manifeste ait été rédigé, les entreprises sont revenues à une certaine sagesse.

Retrouver des identités qui proposent des choix

Qu'entend-on aujourd'hui par l'idée que les clivages politiques sont devenus artificiels ? Deux types de réponses sont possibles, mais il faut auparavant bien examiner la question.

La notion d'artifice n'est pas neutre. Elle ne s'applique qu'à une méthode qui produit des objets ou des choses ou des comportements. Ceux-ci, dus à l'homme, dupliquent des choses ou objets qui sont déjà là, produits par la nature ou ce qu'on nomme comme telle. Par exemple, nous ne dirons pas d'un tracteur qu'il est artificiel car il n'a pas d'équivalent naturel. Mais on n'hésitera pas avec des fleurs, un lac ou des arômes. La question suggérerait donc cette hypothèse : il existerait des clivages naturels ou considérés comme tels. Clairs dans les années 60 et 70, quand la droite et la gauche avaient une identité, ils sont objectivement plus flous aujourd'hui. L'artifice apparaît autant dans le manque de fluidité entre les partis que dans la confusion qui règne en leur sein. Du temps où l'opposition était la gauche, il existait des clivages naturels ; pris en bonne ou mauvaise part, selon chaque appartenance, ils opposaient la résistance et le mouvement, la réalité et le rêve, la conservation sociale et le progrès, le pragmatisme économique et l'utopie sociale, le libéralisme et le socialisme. Chaque identité s'entretenait dans la critique de l'autre, faite de haines et de luttes. Si la France avait dû un jour connaître des élections primaires, c'en était le moment. Il est tout à fait contradictoire que ce leurre spectaculaire apparaisse au moment où la fluidité est la plus forte.

Or, en même temps, l'identité de la gauche comme des partis qui la composent s'est étiolée. Plus personne ne parvient à définir en quelques mots ce qui fait la différence. Pourtant, malgré des désaccords profonds sur des problèmes essentiels, les grands hommes des partis ne changent jamais de camp. Dans chaque parti de gouvernement voisinent des êtres si différents, voire contradictoires, que la nature du choix politique devient indistincte. Les appareils prennent le pas sur les contenus. Les individus perdent leur liberté pour satisfaire les organisations. On n'hésite pas à déclarer en même temps que l'Europe est le choix crucial de la nation tout en coexistant avec ses plus fervents détracteurs.

Depuis quelques législatures les programmes et projets sont la croix du politique. La gauche est beaucoup plus atteinte par ce mal car elle ne se remet pas des projets de société dont elle se sentait porteuse : hors les échéances électorales et les agitations de sa propre vie interne, la gauche prenait le temps de la réflexion. Au lieu de se préparer au pouvoir et à son exercice difficile, elle s'est lancée dans de vastes projets de société sans tenir aucun compte des échecs historiques déjà patents, ni des critiques intelligentes qui avaient été formulées contre cette ambition suicidaire.

En relisant les textes des années 70, on reste pantois devant tant de naïveté si l'on ne se résout pas à l'accusation de cynisme. Face à une droite gestionnaire et sûre d'elle-même, il fallait mobiliser des forces de changement. Bien avant les entreprises, la gauche avait voulu définir son identité en cherchant à définir un projet.

La gauche a-t-elle perdu son âme ? Attachée à ses projets de transformation sociale, elle s'est abîmée dans une gestion mal assumée. Nous avons certainement vécu sur des lignes de fracture contestables, imposées au moins autant par la rhétorique politique que par les illusions généreuses de l'ignorance. La gauche s'est déniaisée, mais elle est trop vite passée à un certain cynisme, alimenté par le goût du pouvoir ; l'évocation par Édith Cresson des « charters » pour immigrés suffit à le montrer. L'échec de 1986 était une chance à saisir : la permanence d'un président autrefois socialiste empêcha que la renaissance se fît. On combattit à court terme, pour une échéance. La gauche est tombée dans le nominalisme : si le président est le même que celui que tous les socialistes avaient porté au pouvoir en 1981, c'est que le socialisme continue à gouverner. Une cure d'opposition eût été du meilleur effet : pour prendre la mesure de la différence entre une gestion de droite et une identité de gauche ; pour éviter de paraître installé au pouvoir quelles qu'en soient les circonstances et les contenus ; pour enfin faire le ménage ici et là au lieu de s'enferrer dans les affaires où le pouvoir, socialiste de nom, s'est enlisé. Pour reprendre ses esprits, ou retrouver son esprit, la gauche avait besoin d'une cure de réflexion. Au lieu de cela, elle a préparé son retour, à peine inquiète des résultats de 1988 qui, aux législatives, étaient très inférieurs à ceux de 1981. Dès lors, la gauche a donné dans l'opportunisme ; au lieu d'imaginer une ouverture, elle l'a pratiquée par défaut, donnant la triste image de la débauche et du débauchage maladroits.

L'essentiel est aujourd'hui de retrouver une identité, ce

qui ne sera possible qu'à l'écart du pouvoir. Certains soutiennent qu'il faut d'abord penser au peuple, aux Français qui vont souffrir d'une droite antisociale. Mais de toute façon le choix n'existe pas : de la défaite il peut sortir le pire comme il peut se préparer le meilleur.

Nous savons maintenant que les projets de société sont non seulement dangereux mais aussi imbéciles. Les critiques de Hayek n'ont pas été prises au sérieux alors qu'elles reposaient sur un concept très fort de la liberté. Il est rare qu'un économiste fonde son libéralisme et sa démarche critique sur un concept qui ait un authentique contenu. Mais, comme d'habitude, l'effet de source a été le plus fort. Il suffit, en politique, d'avoir des amis qui soient des ennemis idéologiques pour que ces amitiés nuisent à l'émission de tout discours.

Les projets et les programmes ne peuvent plus jouer avec l'espérance des citoyens : en s'inscrivant dans l'espace toujours trop étroit qui se situe entre le souhaitable et le possible, ils permettent cependant de dégager de vraies identités politiques. Avec la fin des projets et programmes prêts à l'emploi, nous entrons dans une nouvelle ère, beaucoup plus saine politiquement. Il est décisif que cette innovation se confirme. Pris dans les contraintes nouvelles d'une mondialisation de l'économie et surtout de l'Europe, nous avons encore des espaces de choix : la contrainte extérieure « trace, il est vrai, autour de chaque homme, un cercle fatal dont il ne peut sortir ; mais dans ses vastes limites, l'homme est puissant et libre ; ainsi des peuples » (Tocqueville). Seuls les choix effectifs permettent de prendre position et d'affirmer une identité. Les deux piliers des identités anciennes, la sociologie de l'électorat et les projets de société, sont à présent périmés.

La politique n'est pas morte : elle vient peut-être à maturité dans notre démocratie. Encore faut-il ne pas s'abîmer dans la négation pure et simple, qui déconstruit toute opposition. La maturité n'est pas amnésique : il serait vain et regrettable qu'une gauche défaite s'engage au plus vite sur des problèmes qu'elle n'a pas su résoudre, qu'elle manifeste par exemple demain pour s'indigner du désarroi des Maliens de Vincennes.

Le problème politique qui nous est aujourd'hui posé est particulièrement intéressant : nous sommes dans une zone d'incertitude où chacun s'accroche encore à ses structures qui restent pour lui les seules certitudes. Après des années, voire des dizaines d'années de batailles, de débats contradictoires, de nombreux acteurs politiques craignent de se retrouver aux côtés de ceux qu'ils combattaient et d'autres sont terrorisés à l'idée de tout perdre dans des modifications de frontières. Le souci de la communication les inhibe. En partant du principe qu'on ne peut communiquer que des idées claires ou sur des principes distincts, ils éprouvent une certaine appréhension dans la complexité, par peur de ne pouvoir en sortir.

Or nous oscillons actuellement entre deux tentations. Nous avons examiné la première, qui a développé mais sans doute pas épuisé ses graves défauts : c'est l'élaboration de programmes ou projets très précis et figés. La seconde, c'est la réduction du choix politique au choix des partis, des structures dépourvues de réel contenu politique. Déjà, en 1986, la campagne autour du thème « Au secours, la droite revient ! » avait cette signification : le simplisme n'est pas la simplification. A trop se subordonner à leurs éminences grises de la publicité, les dirigeants socialistes développent de plus en plus une conception magique de l'histoire et de la démocratie. Persuadés que des effets de source discréditent aujourd'hui le moindre de leurs propos, certains préfèrent la rhétorique publicitaire à l'argumentation politique. Le risque est grand que la gauche nous refasse dans la prochaine campagne électorale ce très curieux coup de la peur. Certes, il ne s'agit pas de cette même peur entretenue contre elle par la droite triomphante des années 60 et 70. Elle est plus subtile, plus intimiste. Elle fait appel à la conscience de chacun, dans ce noyau encore dur des hommes qui ont toujours voté à gauche. Elle consiste à brusquer leur conscience sur le thème : *Vous n'allez quand même pas voter avec le parti des riches, de l'intolérance, contre les travailleurs, les salariés et tout ce à quoi vous êtes attachés depuis votre jeunesse.* On reconnaîtra quelques erreurs, voire des fautes, mais le passage à droite sera reproché comme un reniement de la dernière espèce. D'ailleurs, l'affaire du sang contaminé et les attaques terribles auxquelles elle donne lieu permettent l'exploitation de cette fibre sensible. Lors du congrès de Bordeaux, l'inculpation de Henri Emmanuelli avait déjà été utilisée dans ce sens : on ne se rassemble plus sur des idées ni sur des actions, mais contre les barbares, en évoquant le lynchage, les déchaînements orduriers et les caricatures abjectes.

Cette argumentation n'est pas sans efficacité, mais elle revient à nier l'histoire ; elle est un repli sur soi dans un imaginaire frileux et archaïque. Elle s'offre comme le choix du moindre mal. Elle évite la réflexion politique en la réduisant à un nominalisme sommaire : soit deux mots, *droite* et *gauche*, vous savez naturellement de quel côté vous êtes. La droite contribue à ce jeu puisque, après avoir abandonné cette distinction durant deux décennies, elle l'a effrontément reprise depuis 1981. Souvenons-nous de cette célèbre citation de Jean-Jacques Servan-Schreiber : « Quand un homme me dit qu'il n'est ni de droite ni de gauche, je sais que ce n'est pas un homme de gauche. » En ce temps-là, la droite n'assumait pas cette identité ; de nos jours, elle la revendique sans que son contenu soit éclairci, pour jouer tactiquement du discrédit de la gauche dans l'opinion. D'où ces comportements symétriques : la gauche, dans une stratégie du moindre mal, préfère s'accrocher au mot qui lui garantira une défaite non désastreuse ; la droite, dans une stratégie de la victoire à tout prix, choisit son mot sans identifier sa politique.

Entre ces deux tentations, il existe une voie difficile, plus satisfaisante pour la démocratie, à l'écart des mensonges ordinaires et des leurres destinés à occuper le terrain. La démocratie a beaucoup à gagner d'identités définies qui proposeraient de véritables choix politiques. Même si la démocratie ne fait jamais l'économie des mensonges ritualisés, comme nous l'avons vu, elle doit chercher à limiter le mensonge dans la pratique politique. On ne peut invoquer la faiblesse des hommes ni la faute des institutions sans tomber d'un côté dans les travers du psychologisme, de l'autre dans ceux du juridisme.

La démocratie passe par l'expression du peuple. Quelle que soit l'imperfection de cette expression, discontinue dans la forme, injuste dans les procédures, voire incompétente dans le contenu, l'essentiel consiste à proposer des options qui permettent des choix politiques. Il est des consensus dont la mollesse est contestable. Non parce qu'ils sont des consensus — c'est un rêve de calme et de paix propre à tout dirigeant ! —, mais parce qu'ils dissimulent des contradictions vivantes. Aujourd'hui, le choix entre la droite et la gauche est la nouvelle version d'un mensonge démocratique. On suggère d'opter entre deux leurres, entre deux mots qui travaillent l'imaginaire et qui oublient la réalité.

De plus en plus, dans ces mots s'exhibe l'absence du pouvoir. A s'absenter ainsi des questions essentielles, la démocratie risque elle-même d'apparaître comme un leurre. La difficulté nouvelle vient d'un fait moderne incontestable : les grands problèmes du jour ne sont plus immédiatement traduisibles dans un discours politique pour lequel n'existent ni l'argumentation ni le lexique. Le problème n'est pas absolument nouveau : la gauche n'a jamais su que faire des pauvres, puisqu'elle ne reconnaissait que les prolétaires. Il faut veiller aux dérives du microcosme, elles sont nombreuses et participent pleinement de ces mensonges qui minent la démocratie. Deux exemples très différents en convainquent.

Face aux urgences de l'heure, l'argument constitutionnel a quelque chose de surréaliste. Le choix entre un quinquennat ou un septennat n'a d'enjeux que pour un microcosme microscopique : c'est un leurre au sens strict, sur le mode *si on parlait d'autre chose*. Certes, la question peut être posée, voire traitée, mais elle est dérisoire. La cassure qui se produit entre l'opinion et le pouvoir, entre les Français et la démocratie, provient sans nul doute des déplacements tactiques de ce type.

Autre exemple, les grands choix de la bioéthique. Objectivement, nous sommes tous concernés par ces choix. Pourquoi le cri d'alarme du biologiste Jacques Testart semble-t-il déplaire à certains groupes de médecins et de politiques ? A l'heure où les partis se délitent et où les identités sont perdues, ce sont les microcosmes qui demeurent. Le bizarre résultat en est que l'opposition actuelle est beaucoup plus critique que la gauche quant aux dangers eugénistes de la science. Face à une réflexion absente, ce sont les petits mondes qui triomphent, au risque de la démocratie. On pourrait s'en contenter dans la mesure où le débat ne s'enferme plus dans des frontières partisanes et y voir l'un des symptômes de changements à venir. Mais en même temps, une question qui préoccupe davantage les citoyens que bien des leurres politiques n'est pas l'objet d'un débat public à la hauteur de ses enjeux.

A la rigueur, il serait possible d'admettre que, sur telle ou telle question, chaque parti ait en son sein des « sensibilités » différentes. On admirera, au passage, ce mot de « sensibilité » toujours attribué aux différends internes, comme si l'intelligence était du côté de l'unité et la sensibilité du côté de la différence. Le problème aujourd'hui, c'est que les sensibilités traitent de l'essentiel et que l'intelligence se réduit à la permanence des partis. L'expression est là aussi significative : les partis assurent les permanences, pas les urgences.

Si les citoyens ne sont pas appelés à voter sur des choix politiques mais uniquement sur des organisations, le pouvoir s'absentera toujours un peu plus de la vie civile. A défaut de projets de société désormais condamnés pour leur généralité ou leurs dangers, des choix politiques doivent être possibles. Or que connaissons-nous des différences, des choix politiques qui nous sont offerts sur des question cruciales : que faire du chômage ? Que faire des banlieues ? Que faire de la vie et des embryons ? Que faire de l'Europe ? Un parti politique doit savoir et dire ce sur quoi il entend fonder son identité, ce qui lui est essentiel et ce qui lui est accessoire.

Il fut un temps où on ne parlait de politique qu'en termes d'engagement. Effectivement la politique consiste à s'engager dans son corps et dans ses paroles. S'engager, c'est se mettre en gage, en jeu. On peut mentir sur ses mobiles, sur ses motifs, sur ses désirs ; mais on ne peut tricher avec son engagement. Le pouvoir ne doit, en démocratie, être revendiqué que comme le pouvoir *de*, c'est-à-dire comme le pouvoir de faire quelque chose.

La démocratie ne peut tolérer ces *absences* du pouvoir, dans tous les sens du terme. Le pouvoir s'absente du peuple : il n'est plus là où on l'attend. Le pouvoir est aux abonnés absents quand des comptes lui sont demandés.

Il déserte l'Assemblée dont les travées évacuées votent mécaniquement, ou informatiquement. Le pouvoir « a des absences » quand il faudrait se souvenir des engagements et des responsabilités. Les mensonges qu'il faut réduire et circonscrire sont ces absences multiples, ces défauts de mémoire et de présence qui font tous les mensonges.

La présence du pouvoir passe par la mémoire, l'observation et la responsabilité. Avant même d'aborder les contenus d'une politique dans de mirifiques programmes, le pouvoir doit s'engager à la présence d'esprit et en prendre les moyens. La démocratie passe donc par des organisations politiques *identifiables*. L'identité ne relève ni de la seule dénomination, ni de l'organisation, ni d'une sociologie électorale ; il ne s'agirait alors que d'une inertie partisane. L'identité se définit par de multiples focalisations de l'imaginaire : elles concernent en partie le chef ou les dirigeants, les valeurs effectivement vécues, les modes de comportements et les choix politiques distinctifs. Au-delà, il reste un grand espace de liberté qui ouvre le champ de la procédure référendaire, car il est souhaitable que tous les débats ne recoupent pas systématiquement les choix partisans. Les périodes de crise sont propices aux changements : il est l'heure d'en profiter.

De quelques engagements qui pourraient être pris par tous les démocrates

Ni l'exhortation ni l'admonestation ne guérissent du mensonge. Le propre des menteurs est de toujours nier qu'ils mentent, en mêlant à ces dénégations de véritables accents de sincérité. Il nous faut donc à la fois de nouveaux systèmes de contrôle — des détecteurs de mensonge originaux — et des mesures qui évitent la prolifération des leurres.

Pour que le pouvoir nous revienne, c'est-à-dire qu'il soit plus présent et plus dépendant des électeurs, on peut résumer quelques propositions qui pourraient être admises par l'ensemble des hommes politiques ou leurs organisations. Elles ne sont pas réduction du mensonge, elles en constituent les conditions de possibilité.

MESURES DE TYPE RÉGLEMENTAIRE OU LÉGISLATIF

1. Interdiction du cumul des mandats électifs

C'est une évidence à laquelle résistent tous les appareils politiques. Il suffit pour cela que chaque mandat soit correctement rétribué. Cette interdiction est la condition de la présence et la garantie effective d'une meilleure distribution des pouvoirs. Les cumuls existants poussent aussi au monopole médiatique, comme à la multiplication des avantages individuels qui sont un premier pas vers une corruption rampante.

Assortie d'une garantie concernant l'emploi antérieur, la candidature à un mandat électif et la nomination à un poste de responsabilité dans l'appareil d'État par l'autorité politique (fonction ministérielle par exemple) doivent être un *risque* pris par un citoyen en connaissance de cause. Les hommes politiques ne pourront plus sauter de mandat en mandat, comme de liane en liane, toujours assurés d'une pérennité peu justifiable.

Cela éviterait également qu'un ministre continue à suivre sa circonscription ou son autre territoire électif en mélangeant les genres et en ayant, comme c'est le cas présent, un personnel de cabinet partiellement affecté à sa clientèle locale.

Cette interdiction du cumul des mandats permettra d'associer de nombreux citoyens écartés par cette pratique dans laquelle le pouvoir appelle le pouvoir, comme l'argent appelle l'argent. Le partage des responsabilités est toujours souhaitable dans la république.

2. Stage de chaque ministre dans sa propre administration

Pour qu'il en soit responsable, c'est-à-dire qu'il en réponde, chaque ministre doit d'abord connaître son administration. Le meilleur moyen est d'en faire l'expérience. Bien qu'originale, cette mesure aurait le mérite d'inciter aux réformes les plus urgentes sans permettre de se défausser ensuite sur des agents subalternes. Il suffirait, pour rendre la mesure réalisable, que les gouvernements puissent se chevaucher quelques jours ou semaines. Si aucune disposition légale ne peut contraindre un ministre à cette pratique, on pourrait admettre que ce soit un comportement collectivement accepté.

3. Limitation drastique des cabinets

Chaque nomination ministérielle est l'occasion de satisfaire une clientèle d'amis politiques ou privés. Un ministre doit se consacrer à son administration, au Parlement et aux citoyens. Tout ce qui peut le rapprocher de ses interlocuteurs est bon. Tout ce qui multiplie les écrans est mauvais. Le mensonge vient souvent de l'incompétence et de l'ignorance, lorsqu'on affirme dans le vide ou qu'on décide sur des choses étrangères. On doit également proscrire les membres officieux des cabinets ; souvent plus nombreux que les officiels, ils émargent à d'autres budgets. Une redéfinition du rôle des cabinets doit également rendre à l'administration toute sa responsabilité.

4. Définition d'une instance judiciaire qui soit apte à évaluer la responsabilité des ministres et des élus. Suppression de tous les mécanismes d'immunité

La Haute Cour pourrait être requise, mais il conviendrait d'en changer les procédures — notamment cet « acte d'accusation » trop infamant — et sans doute le nom lui-même. L'instruction demeurant indépendante aurait l'avantage d'être, dans tous les sens du terme, une *instruction publique*, quand le secret de l'instruction est la loi commune.

5. Suppression de toute dépendance entre le pouvoir politique et le pouvoir judiciaire

Ceci implique une réforme profonde du Conseil supérieur de la magistrature et du fonctionnement du parquet. La mainmise de l'exécutif sur le pouvoir judiciaire, les mille manœuvres qui permettent de retarder ou d'arrêter une instruction sont intolérables, dans une démocratie surtout, dans la mesure où elles empêchent la révélation et la punition des mensonges en les protégeant.

L'engagement devrait être formellement respecté ; il avait été pris en 1981, en ce qui concerne le Conseil supérieur de la magistrature, puis réitéré en 1991. Il n'a jamais été respecté. Le non-respect de cette promesse, qui peut être dit mensonge *a posteriori* et leurre programmatique *a priori*, n'est pas fortuit : on comprend bien que tout nouveau pouvoir souhaite profiter de l'aubaine. Le risque du leurre existant à chaque alternance, c'est une promesse sur laquelle il convient de s'engager avec un calendrier précis.

6. Interdiction de toute publicité politique

C'est là une mesure essentielle, qui doit limiter les tentations de financements occultes et réduire une rhétorique mensongère. Dans la démocratie, nous devons tout faire pour que la communication qui se substitue au débat soit limitée. Si nous admettons le principe d'un financement en partie public des partis politiques, il est inconcevable que tout ou partie de ce financement soit dilapidé dans des pratiques contraires au bon déroulement de la discussion démocratique.

Il ne faut pas s'en tenir aux chaînes télévisées, mais s'appliquer à supprimer toute publicité par quelque moyen que ce soit, y compris l'affichage.

7. Publicité du patrimoine de tous les élus

En droit, la plupart des hommes politiques sont d'accord sur cette mesure. En fait, on ne l'évoque que pour mieux la retarder. Il s'agit d'une garantie partielle quant à l'intégrité des hommes politiques, car elle ne concerne que l'argent capitalisé et non l'argent dépensé ou gaspillé.

8. Introduction du référendum d'initiative populaire

Cette mesure, dont il a souvent été question, consiste avant tout à multiplier les occasions de débat public, afin de rapprocher le pouvoir politique du citoyen et de donner plus de fluidité aux comportements partisans. La période récente a montré à quel point il fallait se méfier des experts. Il me semblerait parfaitement justifié qu'une loi sur la bioéthique associe pleinement l'ensemble des citoyens à son élaboration. Quand l'humanité est en jeu, il est logique que les citoyens soient amenés à se prononcer.

Comme il serait difficile et contestable d'interdire les sondages, outils modernes de la rhétorique politique, il convient de les équilibrer par un calendrier politique qui, tout en n'exagérant pas la sollicitation du peuple, permette localement comme nationalement de développer une éthique de la discussion.

De plus, comme on l'a vu récemment, les clivages des partis peuvent à cette occasion disparaître au profit d'une liberté d'expression qui dissipe les disciplines du vote partisan. On remarquera une étonnante fatuité du langage politique : lors du dernier référendum, plusieurs chefs politiques ont déclaré qu'ils laissaient « liberté de vote » à leurs électeurs. Cet aveu du sentiment de propriété montre qu'il est besoin de redéfinir la relation des partis aux citoyens.

9. Inscription du mode de scrutin dans la Constitution

Nos modalités de représentation ne sauraient dépendre des opportunités des uns ou des autres. Quant aux redécoupages électoraux, ils doivent avoir au moins l'aval des élus locaux. On a pu en effet écrire que le mode de scrutin était le premier mensonge politique. Cette affirmation n'est pas juste conceptuellement ; par contre le discours sur le mode de scrutin est peuplé de mensonges divers. Formellement, la proportionnelle intégrale donne un pouvoir considérable aux partis et privilégie les apparatchiks par rapport aux hommes qui voyagent en dehors du microcosme.

Le langage politique est pertinent lorsqu'il use des termes de *représentation proportionnelle* d'un côté et de *scrutin majoritaire* à deux tours d'un autre côté. En effet, d'une part, on *re-présente*, de l'autre on *scrute*, c'est-à-dire qu'on examine avec précision l'état de l'opinion. Dans le premier cas, il ne s'agit que de représenter, que d'exprimer des opinions positives, des sympathies pour tel ou tel mouvement. Et il est vrai que le système électoral éprouve toujours quelque difficulté à représenter les opinions individuelles. Un citoyen, en tant qu'être raisonnable, n'est pas fait seulement de choix positifs ou de sympathies : il sait aussi ce dont il ne veut pas, *en priorité*. Il a le droit de pouvoir exprimer la complexité de son opinion faite d'adhésion et d'aversion, de proximité et d'éloignement. C'est tout le mérite du scrutin majoritaire pour le citoyen : dire sa sympathie au premier tour et dire en même temps ce dont il ne veut à aucun prix, c'est-à-dire ce qu'il préfère *malgré tout*, au second tour. L'opinion est alors « scrutée » jusqu'au bout et non seulement représentée dans un esprit très partiel. Si des partis extrémistes sont l'objet de toutes les réticences, il est logique que ce phénomène soit exprimé — ce que la représentation proportionnelle ne *représente* pas.

Considérons cette situation du point de vue des partis eux-mêmes : chaque parti a son lot de sympathisants qui pensent être représentés par lui ; c'est un premier cercle bien exprimé par la proportionnelle ; mais certains partis disposent d'un second cercle, voire d'un troisième, un peu plus tièdes, un peu moins chaleureux, mais pas vraiment hostiles ; d'autres ne connaissent que le vide au-delà de leur premier cercle, c'est le lot des extrêmes ou des fantaisistes sans alliances possibles *a priori*. A n'en pas douter le scrutin majoritaire à deux tours scrute ces deuxième et troisième cercles pour en rendre pleinement compte. En ce sens, il est plus juste et plus précis.

Le scrutin majoritaire permet le choix du parti et de l'homme. En cette époque où la vertu des hommes devient décisive pour l'image du politique, il est majoritairement souhaité de faire confiance à des individus plus qu'à des organisations. L'élu est ainsi responsable de ses actes et de ses engagements devant le peuple. C'est la qualité des hommes qui sauvera la politique et non le jeu des partis. Le scrutin majoritaire est une exigence d'hommes et le sera encore davantage demain.

Il ne s'agit là que de mesures formelles qui font abstraction d'un contenu politique quelconque. Car notre démocratie a besoin d'un cadre qui lui permette de fonctionner hors des mensonges contingents. Mais au-delà de dispositions constitutionnelles, législatives ou réglementaires, le mensonge politique ne sera réduit que si la classe politique est capable de prendre des décisions presque collectives. Peut-être est-ce rêver un peu, mais le souci démocratique peut rassembler autour de quelques attitudes effectives mieux qu'autour de décisions pour lesquelles le vote semble toujours l'approbation implicite d'une politique. Sur une question comme la publicité, seule la loi peut être efficace, car personne ne pourra s'aviser de commencer au risque d'une concurrence déloyale. Sur d'autres points, des actions sont possibles.

MODIFICATIONS DES COMPORTEMENTS

Bien avant que des dispositions soient prises sous forme juridique, des modifications de comportement peuvent être d'une grande efficacité : il suffit pour cela d'admettre généralement que l'action politique est un service public. Cette notion, nous l'avons vu, est souvent en contradiction avec le désir du pouvoir. Pour tenir compte de cette donnée irréductible, il conviendrait de s'entendre pour imposer quelques règles du jeu politique aux individus, aux partis et aux médias.

1. Refuser de participer à des émissions politiques dont on sait qu'elles annulent tout débat possible

La décision n'est guère facile car trop de politiques sont convaincus que la simple apparition sur l'écran permet d'accroître la notoriété. Les grands ténors peuvent s'en passer mais les jeunes profitent habituellement de toutes les occasions qui se présentent. De plus, les hommes politiques n'aiment guère indisposer un journaliste qui pourrait, d'un jour à l'autre, devenir présentateur du journal de vingt heures ou du moins monter en grade.

Pourtant, c'est incontestablement le rôle des hommes politiques que de faire respecter le débat démocratique. Ils sont collectivement responsables de leur statut et de leur image dont dépend beaucoup la démocratie. C'est une question de courage et de responsabilité.

2. Inciter les grands médias à innover dans le débat démocratique

Il faut contrebattre l'idée selon laquelle les hommes politiques ne souhaiteraient plus aujourd'hui que des prestations somme toute confortables avec un journaliste qui les entretiendrait. Ils pourraient se défier dans le meilleur esprit et ne pas chercher à fuir dans de tels cas. Il est regrettable que seul le président de la République ait pris cette initiative en invitant Philippe Seguin au débat sur Maastricht.

Nous avons besoin de débats vivifiants qui permettent de contrecarrer les mensonges à distance et qui soient des occasions d'informations et d'argumentation.

3. Développer dans le Parlement des discussions de qualité

L'idée que puissent être exprimées à l'Assemblée nationale ou au Sénat des réflexions de qualité vivifie la démocratie de notre pays. L'exemple de Maastricht et, à un moindre égard, le vote de la loi sur la bioéthique — quoi qu'on pense de son contenu effectif et en regrettant la seule information d'une douzaine de députés — sont de bonnes exhibitions de ce que peut être la discussion démocratique, à l'écart des seuls soucis tactiques. La condition préalable réside dans la présence réelle de députés trop souvent absents, notamment du fait du cumul de leurs mandats électifs.

Dans notre système politique, le Parlement doit donner l'exemple, ce qui suppose et du travail et de la conscience. Quand les tactiques mensongères prennent le dessus, comme dans les cas du GATT ou des mises en accusation devant la Haute Cour, c'est toute la politique qui se discrédite et nuit à la démocratie.

A côté des simulations audiovisuelles, l'élaboration de beaux discours tenus au perchoir implique une rhétorique républicaine qui ne laisserait pas de satisfaire les citoyens, pourvu qu'elle incite au débat. On dira peut-être d'un haussement d'épaules que c'est d'un autre temps. Qu'on essaie, qu'on recommence, et l'on verra que maints citoyens n'attendent que d'être sollicités.

4. Assainir les relations avec les médias et notamment la presse

L'affaire Botton a mis au jour ce que chacun savait. Or c'est en s'abstenant de relations malsaines que le politique sera plus présent au peuple. La presse écrite comme audiovisuelle a un rôle décisif à jouer dans la démocratie ; elle le remplit parfois très bien dans quelques émissions trop rares. Les politiques ne doivent pas attendre des améliorations venues d'ailleurs. Leur responsabilité consiste à mieux se distribuer entre la parole, l'image et l'action. La presse, pour être un détecteur de mensonge, doit être à distance.

5. Doter d'une réelle identité les formations politiques

Chaque parti s'égosille en criant au traître quand un de ses membres éminents franchit le Rubicon que constitue la ligne de démarcation entre la majorité et l'opposition.

En laissant floues les identités de chacun, on facilite les transferts aléatoires sans qu'il s'agisse pour autant d'une véritable liberté d'agir pour l'élu félon. Lorsqu'un élu, candidat d'une majorité ou d'une opposition, passe chez l'adversaire, il y a bien tromperie dans la circonscription électorale. Cette remarque n'implique pas une discipline de vote sur tous sujets, car le député n'est pas désigné par le suffrage universel pour avoir une thèse sur chaque énoncé.

Si, dans le pays, on peut maintenant quelquefois parler de « self-service » électoral, c'est sans doute moins dû à la versatilité des électeurs qu'à l'imprécision des partis. Avec la première alternance de la Ve République, nous avons vécu un petit séisme. Il est logique que des marques et repères soient perdus, comme certains rêves ou illusions. Il ne suffit à aucun parti d'être une machine à conquérir le pouvoir ; s'il ne prend que le temps de cette victoire électorale, sans développer une *réflexion fondamentale* sur ce qu'il est et sur ce à quoi il tient, le mensonge nécessaire qui anime les hommes politiques devient un vice rédhibitoire qui produit le désintérêt des citoyens.

6. Faire passer la vertu républicaine avant les amitiés particulières

Dans la dernière décennie, l'amitié ou la proximité sont devenues des vertus ouvertement politiques, au mépris du droit et de la justice. Quand un parti critiquait l'autre pour des affaires de corruption ou des délits d'initié, il protégeait en même temps ses amis ou ses proches. Dans le discours, François Mitterrand passait de longues minutes sur nos écrans à défendre son ami Patrice Pelat, tandis que Jacques Chirac s'obstinait, dans *le Figaro Magazine*, à défendre Jacques Médecin, son allié. On ne compte plus les instructions avortées et les protections assumées. Du coup, le discrédit de chaque camp retombait sur toute la démocratie. *Tous les mêmes !* Toujours prêts à mentir, à défendre l'indéfendable jusqu'à l'exhibition finale de leur faute. A-t-on entendu un regret ? L'aveu d'une erreur de jugement ? Au contraire, on plaint les martyrs disparus dans l'au-delà ou en Uruguay.

Ces anecdotes entretiennent une méfiance justifiée : que Boucheron et Médecin aient choisi de se réfugier en Amérique du Sud accomplit la démonstration des collusions ou des congruences. On maudit l'hérétique, on protège le corrompu ; on vitupère l'esprit libre, on soutient le délinquant. La démocratie est très malade de ce mensonge-là. Car il est contingent : il ne trouve sa raison que dans les amitiés particulières du microcosme, loin du peuple injustement absent mais justement indigné.

En devenant premier secrétaire du parti socialiste, Laurent Fabius a décidé qu'on balaierait désormais d'abord devant sa propre porte ; il mettait le doigt sur un aspect essentiel du mensonge. Malheureusement, quelques mois plus tard, il fallait l'instruction d'un juge rennais pour rassembler le parti socialiste dans la défense des trafics d'influence, au prix de méthodes très contestables.

La démocratie a tellement pâti de ces attitudes, en induisant une défiance vertueuse dans la population, qu'il est temps de prendre des résolutions fermes et de s'y tenir. L'amitié n'est pas une vertu politique, c'est un principe privé. La démocratie n'est pas une affaire privée, c'est un enjeu politique. Discréditer le corps politique au nom d'amitiés particulières ou partisanes est une mauvaise action.

7. *Proscrire les leurres de l'action politique*

Peut-être est-ce là le plus pieux des vœux, le plus irréaliste. Mais il concerne un des mensonges les plus fondamentaux de la démocratie, dans la pratique politique elle-même. En effet, dans un tel système politique, les élus et les hommes politiques en général sont censés représenter les citoyens pour défendre au mieux leurs intérêts. Face aux problèmes réels, aux difficultés du moment, la tentation est souvent grande d'opérer des translations ou déplacements. Autrefois Néron embrasait Rome en accusant les chrétiens et plus récemment Hitler faisait incendier le Reichstag. C'est de bonne guerre en tyrannie : le mensonge en est la loi implicite, comme mode de régulation des contradictions. C'est une action coupable en démocratie ; et peu importe sa fréquence ou sa banalité.

En peu de mois, la majorité et l'opposition n'ont pas hésité : il en est des propositions de réforme constitutionnelle émises par François Mitterrand dans la majorité comme des primaires jouées dans l'opposition. Rien n'est pire pour la démocratie que ces symétries qui accréditent l'idée d'un mensonge généralisé. La démocratie peut tolérer le mensonge de l'un ou de l'autre, car il peut être dénoncé par l'autre ou par l'un ; elle ne peut supporter le mensonge de l'un *et* de l'autre, car le discrédit touche même les dénonciations. Encore une fois : *Tous les mêmes* est le pire résultat du mensonge politique.

8. Préserver l'État et respecter la fonction publique

L'État s'est affaibli dans notre démocratie qui en devient orpheline. Peut-être existe-t-il d'autres modèles de développement démocratique, mais le nôtre est indissociable d'un État fort, c'est-à-dire crédible. L'autorité de l'État s'affaiblit quand on entonne chaque jour l'air de la calomnie. Comme l'écrit Jean-François Revel, l'absolutisme inefficace est parfaitement compatible avec un État faible. Il faut mettre cette proposition au négatif, dans le sujet comme dans le prédicat : la démocratie efficace est parfaitement compatible avec un État fort.

L'État est un service public comme doit l'être la gent politique. Ils partagent le même destin. En France, quand l'un ment sur l'autre, les deux s'effondrent ensemble. Le mensonge apparaît dans le discours comme dans la pratique.

Dans la pratique politique, la colonisation de l'État par un parti contredit son essence propre d'État impartial — ce que nous croyons si nous sommes démocrates et avons dépassé l'analyse marxiste. Les erreurs de 1981 ont été corrigées en 1988 lorsque Michel Rocard a refusé de se voir imposer par le parti socialiste la valse des dirigeants dans les entreprises nationales. Il n'est pas impossible de craindre le pire en 1993, tant les appétits de l'opposition semblent s'aiguiser au fil des mois.

Mais surtout le souci commun des démocrates doit être d'améliorer le fonctionnement de l'État et de son administration. La tragédie du sang contaminé montre à quel point l'incurie sur les structures peut nuire aux citoyens. C'est proférer des mensonges odieux que de s'en prendre à un État qu'on laisse en déshérence. C'est se mentir à soi-même que d'insulter sans cesse ses fonctionnaires en prétendant, dans le même temps, leur intimer des changements de comportement. La route est longue sans doute, mais c'est le destin de toute bonne politique. La voie du mensonge est toujours plus courte, puisqu'il préfère renier la réalité — *ce ne sont que des mots vite dits* — que la transformer — *ce sont des actions durablement entreprises*.

Préserver l'État et respecter la fonction publique signifie avant tout que les options soient claires sur ce qu'ils sont l'un et l'autre et sur ce qu'ils doivent être. Les mensonges les plus niais sont les plus idéologiques. Les idéologies sont mortes, paraît-il ; mais le mensonge est ce qui reste quand on a tout oublié des idées. Ces mensonges résultent avant tout de l'ignorance qu'on prend pour des idées. Les libéraux devraient méditer cette belle formule de Hayek : « L'attitude d'un libéral vis-à-vis de la société est comme celle d'un jardinier qui cultive une plante, et qui, pour créer les conditions les plus favorables à sa croissance, doit connaître le mieux possible sa structure et ses fonctions. » Celui qui ment à une plante ne peut s'indigner de la voir se faner.

Une fois admise la nécessité de l'État, ses frontières peuvent être l'objet d'un débat, mais son essence doit faire l'objet d'une véritable réflexion. Si celle-ci n'est qu'opportuniste, elle est vite abandonnée. On l'a bien vu à propos du fameux « ni... ni... » de *la Lettre présidentielle* en 1988 : il annonçait l'arrêt des opérations de privatisation ou de nationalisation ; deux ans après, il n'était plus respecté.

Au-delà de l'État perpétuellement accusé, ces quelques remarques signifient une prescription plus large : le bouc émissaire est une tradition archaïque, c'est un mensonge catastrophique en démocratie. Il évite que les politiques traitent les problèmes pour lesquels ils sont élus et délégués par le peuple. Le bouc émissaire a connu un terrible avatar avec le « socialisme réel », il a été au cœur du mensonge institutionnalisé dans les pays de l'Est. Qu'il s'agisse de l'État, de Laurent Fabius, des socialistes, des deux cents familles, de la bourgeoisie, des titistes, du grand capital, de la CIA, nous savons que tout ceci n'est que mensonges tyranniques qui confondent le peuple avec la foule, la justice avec le lynchage.

9. Considérer les citoyens comme des « êtres raisonnables »

C'est là un vieux débat de la tradition politique, évoqué par Spinoza au début de son *Traité politique* resté inachevé : faut-il prendre les hommes tels qu'ils devraient être — *ainsi font les philosophes selon lui* — ou les hommes tels qu'ils sont — *ainsi font les politiques* ?

En théorie, c'est-à-dire selon nos principes, la république a tranché. Elle l'a fait du point de vue du droit en adoptant le suffrage universel. Sans nier la puissance des passions ni la réalité du désir, notre démocratie ne se pose pas la question. Et pourtant, c'est un aspect essentiel de la pratique politique : de nombreuses forces centrifuges éloignent du principe les responsables politiques. Certes, ils ne l'avouent pas volontiers publiquement, mais la nouvelle rhétorique met en œuvre des convictions contraires. Or c'est la grande différence que notre démocratie affirme par rapport aux temps platoniciens : l'opposition du peuple à la foule, comme de la raison aux passions. Peut-être est-ce partiellement en cela que la démocratie n'a pas de lieu et qu'elle demeure toujours imparfaite. Mais, sur la voie qu'elle nous fait emprunter, le choix est permanent. Toute adresse aux viles passions et aux bas sentiments est en soi un mensonge, même s'il n'apparaît pas immédiatement comme tel. C'est un mensonge car il parle une langue que le concept de la démocratie n'autorise pas. Émis par un responsable politique de notre démocratie, il est alors pris pour ce qu'il n'est pas et, en cela, il est un *terrible* mensonge.

Considérer les citoyens comme des êtres raisonnables formant un peuple donne le principe d'une langue commune, par-delà les divergences partisanes. La république l'inscrit dans ses lois lorsqu'elle interdit toute incitation à la haine raciale. Mais en définissant ce cadre admis par tous les émetteurs et, premièrement, par les récepteurs, elle présuppose une véritable autodiscipline des responsables, en deçà des infractions à la loi. Aussi se prend-on à frémir en entendant parler de l'« odeur des immigrés », de la « juiverie », et tous autres discours et slogans qui en appellent à nos plus bas instincts.

Trop souvent l'image sollicite l'émotion, pour la générosité comme pour la haine, au hasard de ses élans versatiles. Or le citoyen de la république est d'abord un être rationnel.

Ce principe peut sembler trop général et abstrait. C'est pourtant peut-être l'essentiel : les mensonges dont notre démocratie est la plus malade ne sont peut-être pas ceux dont nous sommes le plus conscients. Les pires mensonges sont ceux qu'on découvre trop tard. En ce sens, il faut revenir à un problème de fond qui concerne morale et politique : la démocratie exige qu'on se réfère aux principes et ceux-ci ne sont pas sans contenu moral. Or il est une manière de raisonner aujourd'hui qui veut, par hypothèse, contourner cette référence. Par peur d'un repère qui semblerait archaïque ou vieillot, on choisit de menacer par les effets plus que de convaincre par les principes. On n'ose plus critiquer la corruption ou des propos outranciers pour ce qu'ils sont contradictoires avec le concept de notre démocratie, mais parce qu'ils risquent de mener le politique à sa perte : on ne dit pas que la corruption est moralement condamnable et contraire au sens de l'État ou du service public, on soutient qu'elle nuit à l'image du politique et qu'elle se retournera contre lui — on voit ainsi à l'œuvre ce même raisonnement qui promeut la mode d'une éthique de l'intérêt contre toute morale qui ne serait plus bonne à dire. Il s'agit là d'arguties qui ne sollicitent en l'homme rien de ce qui fait un démocrate. Or le démocrate ne peut se passer de quelques principes.

En effet, la démocratie n'est pas à la politique ce que les lois du marché sont à l'économie. Celles-ci sont un ordre spontané volontiers assigné à quelque main invisible quand la démocratie est une exigence nécessairement rapportée à notre volonté de citoyens.

Conclusion

Les démocrates sont optimistes

Quand on veut distinguer l'optimiste et le pessimiste, il est habituel de prendre pour exemple la fameuse figure de la bouteille de cent centilitres qui en contient cinquante. Le pessimiste soutient qu'elle est à moitié vide ; l'optimiste affirme qu'elle est à moitié pleine. L'exemple est partiellement pertinent. Il signifie bien que, par rapport à une réalité objectivement identique, l'homme comme sujet pensant peut émettre deux jugements qui expriment à la fois son affect et la richesse lexicale de sa langue : identité du côté de l'objet, diversité du côté du jugement. Peut-on affirmer pour autant que l'un ou l'autre mente ? Non, chacun exprime à sa manière sa déception ou son plaisir à venir, sachant avec certitude que le devenir de la bouteille est autant d'être vide que son passé l'était d'être pleine. Le jugement pessimiste porterait-il sur l'avenir et l'optimiste sur le passé ? On pourrait écrire l'inverse : le pessimiste craint dans l'avenir tout ce qui n'est pas le passé et l'optimiste aime dans l'avenir tout ce qui le rapporte à ce qui reste du passé.

L'enjeu ne réside pas tant dans la diversité des jugements face à une réalité objective que dans leurs effets sur la façon de vivre les moments à venir. On imagine aisément qu'une certaine tristesse envahit le pessimiste tandis que l'optimiste se réjouit de ce qui lui reste à déguster. Ainsi les hommes peuvent-ils, dans leur diversité, vivre bien différemment des conjonctures identiques.

Curieusement la politique est aussi un jeu d'optimisme et de pessimisme. Mais l'exemple de la bouteille contient deux éléments qui faussent l'analogie. D'abord, le jugement porte sur le présent, même s'il se réfère à l'avenir ou l'investit de conséquences affectives. De ce fait, la réalité est objectivement identique tandis que la plupart des attitudes optimistes ou pessimistes renvoient à des estimations de l'avenir incertain. Ensuite, les jugements politiques portés sur le présent le sont bien sur une réalité objectivement identique, mais il n'existe nulle part un étalon qui permette d'avoir la mesure seulement quantifiée : quand je dis qu'il y a cinquante centilitres dans cette bouteille de cent centilitres, je porte un jugement que personne ne peut contester, ni le pessimiste, ni l'optimiste : seuls leurs commentaires pourront différer. Ils doivent tous deux reconnaître l'identité de l'objet.

Dans la sphère politique, sans qu'il y ait le moindre étalonnage possible, l'optimisme et le pessimisme se distribuent de façon invariable selon deux couples de paramètres : majorité/opposition, présent/avenir. Sur le présent, la majorité est toujours explicitement optimiste et l'opposition ouvertement pessimiste : le « tout va bien » et le « tout va mal » sont invariablement répartis. Mais, à tout prendre, ces jugements systématiques s'inversent sur l'avenir puisque celui-ci n'est, en politique, qu'un autre possible issu du présent évalué. Souvent implicitement, la majorité au pouvoir veut dire dans son jugement optimiste que la politique menée est la seule possible et qu'aucune politique ne saurait obtenir une meilleure réalité, ce qui, après tout, est un jugement pessimiste sur le cours des choses. Au contraire, l'opposition, dans son jugement pessimiste, suggère que tout pourrait être mieux et le sera certainement dès qu'elle sera au pouvoir. C'est pourquoi l'alternance ou les changements de majorité s'accompagnent souvent d'un état de grâce, plus ou moins long, durant lequel le peuple attend avec impatience les mieux qui ont été promis. On pourrait donc dire que toute alternance, toute volonté de changement exprimée dans les urnes est une marque d'espoir, optimiste, sur laquelle il faut s'appuyer.

En est-il de même pour les jugements que l'on porte sur la démocratie en général ? Regretter les mensonges et les absences du pouvoir est un acte d'optimisme pourvu que cet acte ne s'enferme pas dans le constat désabusé de la dénonciation. « Le pessimisme est d'humeur, l'optimisme est de volonté », écrivait Alain, toujours soucieux de donner de bons énoncés de dissertation. Et c'est vrai : notre démocratie exige d'être toujours améliorée. Il nous est très difficile d'évaluer le présent par rapport au passé, car il est fait de tant d'éléments que nous aurions quelque peine à hiérarchiser le meilleur et le pire. Mais il ne suffit pas d'évoquer les scandales de Panama ou de Stavisky pour s'abriter sous le parapluie de la fatalité, ou se contenter du présent.

La démocratie peut toujours mieux faire. Sans doute le percevons-nous bien dans les moments de crise, surtout quand cette crise est dite de confiance. Encore faut-il qu'il s'agisse de la démocratie et non seulement d'une alternance politique. Ni un pays, ni une entreprise prospères ne sont portés au changement. Seules les crises décelées stimulent la volonté politique. La Ve République a maintenant vécu l'alternance et ce n'est pas fini. Avec cette expérience, elle acquiert une maturité nouvelle.

L'idée même de démocratie oblige à confesser quelques mensonges génétiques, tels que les met en scène John Ford. Ils porteraient au pessimisme s'ils devaient engendrer eux-mêmes des clones innombrables. L'esprit critique n'est pas un esprit pessimiste : la philosophie porte l'espérance de jours meilleurs. Cioran commence par un *Précis de décomposition*, mais finit par des *Exercices d'admiration*. L'esprit le plus pessimiste est celui qui adhère au monde dans la conviction qu'il n'en est pas de meilleur : il rejoint en cela l'esprit désabusé qui *se contente* de dénoncer toujours les hommes politiques, c'est-à-dire qui en fait *son contentement*. Chaque nouvelle affaire réjouit sa morbidité : l'affirmation « tous pourris » lui confère, *a contrario*, un peu de vertu à bon marché.

La critique démocratique du monde tel qu'il est croit toujours en son efficacité. Non que le cours du monde soit en lui-même moral : dans notre monde ce ne sont pas les meilleurs qui gagnent — dire le contraire est du plus noir pessimisme, car les meilleurs seraient bien décevants, quant au pire ou seulement quant au bon. Nous n'avons pas à sanctifier le monde ni à faire l'éloge de la démocratie réelle. La démocratie est une exigence qui, je l'espère, ne sera jamais satisfaite. Le démocrate est insatiable comme le philosophe : il ne renonce pas aux vertus républicaines parce qu'elles balbutient. Mille difficultés ne font pas un doute sur leur pertinence. La critique est son métier, le peuple son instance. L'optimiste du temps présent est le pessimiste de l'avenir, celui qui a perdu tout désir et se contente de regarder ailleurs pour trouver pire qu'ici et se satisfaire du *hic et nunc*. Le critique, le philosophe, l'optimiste croient qu'il existe des volontés et pas seulement des humeurs. Sans exterminer le mensonge, il pense qu'il peut le circonscrire puisqu'en sa société la parole est libre de tous ses espoirs.

Dans notre monde, l'expression de la pensée se distribue de plus en plus sur deux lignes divergentes : l'une, pragmatiste, utilitariste, adhère au monde tel qu'il est et le prend à bras-le-corps comme il est ; elle se satisfait du présent ; désenchantée de tout, terrorisée par la nostalgie comme par l'espérance, elle emprunte les rails du progrès comme d'une providence. La nature se dégrade-t-elle, cette pensée admire l'emprise prométhéenne de l'humanité ; la génétique emboîte-t-elle le pas à un eugénisme rampant, elle s'abandonne à la science et aux chercheurs ; les éthiques se confondent-elles avec l'intérêt, elle ironise sur la morale désuète et le devoir passéiste ; les médias sombrent-ils dans le cynisme philanthropique, elle se réjouit que les pleurs d'une petite fille puissent encore faire mettre les mains au portefeuille. En quelques années, la critique négativiste a fait place au positivisme du progrès, dans l'adhésion totale et résignée au monde qui se fait sans nous, comme si l'adhésion adhérente nous le rendait un peu.

Pourtant, la philosophie ne saurait se perdre dans l'acquiescement descriptif à une sociologie du commentaire. Mieux vaut être dit « ringard », comme on le dit parfois de la vertu républicaine, que « post-moderne », comme on le dit des « modes » qui passent. L'esprit critique est la vie même de l'esprit comme le besoin de la démocratie : la politique doit le vivre comme un hommage respectueux. Nos maladies sont de moins en moins incurables : à penser le contraire le médecin déserte son cabinet comme le philosophe sa plume.

La démocratie sera toujours dans un non-lieu, comme une idée déjà présente au monde, quelque part dans nos consciences animées d'espoir et d'idéal. De ce non-lieu, elle fait une instance critique ; ce qui est peut-être son essence. Ainsi, j'aime à penser que tous les mensonges qui l'accablent ne sont pas une maladie mortelle. Pour nourrir cet espoir, il ne suffit pas de croire dans le peuple ou dans le civisme de citoyens aux aguets ; il faut penser aussi que les microcosmes, comme les civilisations, sont mortels ; et les hommes qui les peuplent, élus pour nous ne sont pas pires que nous. Quand la dénonciation ou la résignation sont d'humeur, la critique est de volonté. Comme la démocratie.

BIBLIOGRAPHIE SOMMAIRE

Outre les références aux grands textes classiques de la philosophie (principalement ici Platon, Machiavel, Montesquieu, Tocqueville), ces quelques ouvrages récents :

ALEXANDRE, Philippe, *Mon livre de cuisine politique*, Grasset, 1992.

BALLADUR, Édouard, *Dictionnaire de la réforme*, Fayard, 1992.

BERGOUNIOUX, Alain et GRUNBERG, Gérard, *Le Long Remords du pouvoir*, Fayard, 1992.

BISHOP, Tom et FAURÉ, Christine, *L'Amérique des Français*, François Bourin, 1992.

COLOMBANI Jean-Marie, *La France sans Mitterrand*, Flammarion, 1992.

DANEY, Serge, *Le Salaire du zappeur*, Ramsay, 1988.

DEBRAY, Régis, *Contretemps*, Gallimard, coll. Folio, 1992.

DEBRAY, Régis, *Cours de médiologie générale*, Gallimard, 1991.

DEBRAY, Régis, *Vie et Mort de l'image*, Gallimard, 1992.

DURANDIN, Guy, *Le Mensonge dans la propagande et la publicité*, PUF, 1982.

DURANDIN, Guy, *Les Fondements du mensonge*, Flammarion, 1972.

DU ROY, Albert, *Le Serment de Théophraste*, Flammarion, 1992.

GOURÉVITCH, Jean-Paul, BURNIER, Michel-Antoine et MERCADET, Léon, *Comment devenir président de la République en 90 minutes*, Plon, 1992.

HABERMAS, Jürgen, *De l'éthique de la discussion*, Cerf, 1992.

HABERMAS, Jürgen, *Morale et Communication*, Cerf, 1987.

HABERMAS, Jürgen, *Théorie de l'agir communicationnel*, Fayard, 1986.

HAYEK, Friedrich, *La Route de la servitude*, PUF, 1985.

HAYEK, Friedrich, *Droit, Législation, Liberté*, PUF, 1987.

JEAMBAR, Denis et LECH, Jean-Marc, *Le Self-Service électoral*, Flammarion, 1992.

KAHN, Jean-François, *Esquisse d'une philosophie du mensonge*, Flammarion, 1989.

LENAIN, Pierre, *Le Mensonge politique*, Economica, 1988.

LÉOTARD, François, *Place de la République*, Robert Laffont, 1992.

LIPOVETSKY, Gilles, *Le Crépuscule du devoir*, Gallimard, 1992.

MENY, Yves, *La Corruption de la République*, Fayard, 1992.

PEYREFITTE, Alain, *La France en désarroi*, de Fallois, 1992.

PLENEL, Edwy, *La Part d'ombre*, Plon, 1992.

QUILÈS, Paul, *Nous vivons une époque intéressante*, Gauche Contact, 1992.

REPORTERS SANS FRONTIÈRES, *Les Mensonges du Golfe*, Arléa, 1992.

REVEL, Jean-François, *L'Absolutisme inefficace*, Plon, 1992.

REVEL, Jean-François, *Le Regain démocratique*, Plon, 1992.

ROMILLY, Jacqueline de, *Pourquoi les Grecs ?*, de Fallois, 1992.

SERRES, Michel, *Le Tiers-Instruit*, François Bourin, 1991.

TESTART, Jacques, *Le Désir du gène*, François Bourin, 1992.

VIRIEU, François-Henri de, *La Médiacratie*, Flammarion, 1991.

WOLTON, Dominique avec MISSIKA, Jean-Louis, *La Folle du logis*, Gallimard, 1983.

WOLTON, Dominique, « Les Contradictions de l'espace public médiatisé », in *Hermès*, n° 10, 1991.

WOLTON, Dominique, *Éloge du grand public*, Flammarion, 1990.

WOLTON, Dominique, *Wargames*, Flammarion, 1991.

TABLE

En couverture : Pinocchio, dessin de Collodi
(coll. particulière, cliché J.L. Charmet).

Cet ouvrage a été composé
par Facompo à Lisieux
et imprimé sur presse CAMERON
dans les ateliers de la S.E.P.C.
à Saint-Amand-Montrond (Cher)
en janvier 1993.

N° d'Édition : 237. N° d'Impression : 2672.
Dépôt légal : janvier 1993.
ISBN 2-87686-153-4

Imprimé en France